小坡的生日 小木头人

老舍小说精汇

舒 乙 / 主编

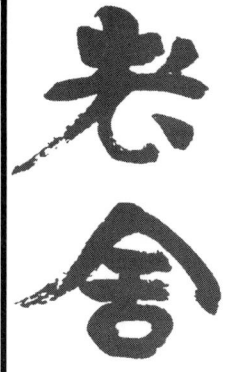

文汇出版社

图书在版编目（CIP）数据

小坡的生日·小木头人 / 老舍著. －上海：文汇出版社，2009.1
ISBN 978-7-80741-466-7

I. 小… II. 老… III. ①童话－作品集－中国－现代 ②儿童文学－短篇小说－作品集－中国－现代 IV.I286

中国版本图书馆CIP数据核字（2008）第203832号

小坡的生日·小木头人

作　　者 / 老　舍
责任编辑 / 江　飞
特约编辑 / 昙　翔
装帧设计 / 灵动视线
出版发行 / 文汇出版社
　　　　　 上海市威海路755号
　　　　　 （邮政编码 200041）
经　　销 / 全国新华书店
印　　刷 / 山东新华印刷厂临沂厂
版　　次 / 2009年1月第1版
印　　次 / 2009年1月第1次印刷
开　　本 / 870×1092　1/32
字　　数 / 132千
印　　张 / 6.125
书　　号 / ISBN 978-7-80741-466-7
定　　价 / 20.00元

老舍小传

老舍（1899.2.3—1966.8.24），我国现代文豪，小说家，戏剧作家。原名舒庆春，字舍予，满族，北京人。出身寒苦，自幼丧父，北京师范学校毕业，早年任小学校长、劝学员。1924年赴英在伦敦大学东方学院教中文，开始写作，连续在《小说月报》上发表长篇小说《老张的哲学》、《赵子曰》、《二马》，成为我国现代长篇小说奠基人之一。归国后先后在齐鲁大学、山东大学任教，同时从事写作，其间代表作有长篇小说《猫城记》、《离婚》、《骆驼祥子》，中篇小说《月牙儿》、《我这一辈子》，短篇小说《微神》、《断魂枪》等。抗日战争爆发后到武汉和重庆组织中华全国文艺界抗敌协会，对内总理会务，对外代表"文协"，创作长篇小说《四世同堂》，并对现代曲艺进行改良。1946年赴美讲学，四年后回国，主要从事话剧剧本创作，代表作有《龙须沟》、《茶馆》，荣获"人民艺术家"称号，被誉为语言大师。曾任全国文学艺术界联合会副主席、全国作家协会副主席及北京市文联主席。1966年"文革"初受严重迫害后自沉于太平湖中。有《老舍全集》十九卷。

目 录

小坡的生日 …………………………… 1
小木头人(童话)……………………… 147
小铃儿 ………………………………… 166
抓药 …………………………………… 173
新爱弥耳 ……………………………… 185

小坡的生日

一　小坡和妹妹

　　哥哥是父亲在大坡开国货店时生的，所以叫作大坡。小坡自己呢，是父亲的铺子移到小坡后生的；他这个名字，虽没有哥哥的那个那么大方好听，可是一样的有来历，不发生什么疑问。

　　可是，生妹妹的时候，国货店仍然是开在小坡，为什么她不也叫小坡？或是小小坡？或是二小坡等等？而偏偏的叫作仙坡呢？每逢叫妹妹的时候，便有点疑惑不清楚。据小坡在家庭与在学校左右邻近旅行的经验，和从各方面的探听，新加坡的街道确是没有叫仙坡的。你说这可怎么办！

　　这个问题和"妹妹为什么一定是姑娘"一样的不能明白。哥哥为什么不是姑娘？妹妹为什么一定叫仙坡，而不叫小小坡或是二小坡等等？简直的别想，哎！一想便糊涂得要命！

　　妈妈这样说：大坡是在那儿生的，小坡和仙坡又是在那儿生的，这已经够糊涂半天的了；有时候妈妈还这么说：哥哥是由大坡的水沟里捡了来的，他自己是从小坡的电线杆子旁边拾来的，妹妹呢，是由香蕉树叶里抱来的。好啦，香蕉树叶和仙坡两字的关系又在那里？况且"生的"和"捡来的"又是一回事，还是两回事？"妈妈，妈妈，好糊涂！"一点儿也不错。

也只好糊涂着吧！问父亲去？别！父亲是天底下地上头最不好惹的人：他问你点儿什么，你要是摇头说不上来，登时便有挨耳瓜子的危险。可是你问他的时候，也猜不透他是知道，故意不说呢；还是他真不知道，他总是板着脸说："少问！""缝上他的嘴！"你看，缝上嘴不能唱歌还是小事，还怎么吃香蕉了呢！

问哥哥吧？呸！谁那么有心有肠的去问哥哥呢！他把那些带画儿的书本全藏起去不给咱看，一想起哥哥来便有点发恨！"你等着！"小坡自己叨唠着："等我长大发了财，一买就买两角钱的书，一大堆，全是带画儿的！把画儿撕下来，都贴在脊梁上，给大家看！哼！"

问妹妹吧？唉！问了好几次啦，她老是摇晃着两条大黑辫子，一边儿跑一边娇声细气的喊："妈妈！妈妈！二哥又问我为什么叫仙坡呢！"于是妈妈把妹子留下，不叫再和他一块儿玩耍。这种惩罚是小坡最怕的，因为父亲爱仙坡，母亲哥哥也都爱她，小坡老想他自己比父母哥哥全多爱着妹妹一点才痛快；天下那儿有不爱妹妹的二哥呢！

"昨儿晚上，谁给妹妹一对油汪汪的槟榔子儿？是咱小坡不是！"小坡搬着胖脚指头一一的数："前儿下雨，谁把妹妹从街上背回来的？咱，小坡呀！不叫我和她玩？哼！那天吃饭的时候，谁和妹妹斗气拌嘴来着？咱，……"想到这里，他把脚指头拨回去一个，作为根本没有这么一大回事；

用脚指头算账有这么点好处,不好意思算的事儿,可以随便把脚指头拨回一个去。

还是问母亲好,虽然她的话是一天一变,可是多么好听呢。把母亲问急了,她翻了翻世界上顶和善顶好看的那对眼珠,说:

"妹妹叫仙坡,因为她是半夜里一个白胡子老仙送来的。"

小坡听了,觉得这个回答倒怪有意思的。于是他指着桌儿底下摆着的那几个柚子说:

"妈!昨儿晚上,我也看见那个白胡子老仙了。他对我说:小坡,给你这几个柚子。说完,把柚子放在桌儿底下就走了。"

妈妈没法子,只好打开一个柚子给大家吃;以后再也不提白胡子老仙了。妹妹为什么叫仙坡,到底还是不能解决。

大坡上学为是念书讨父母的喜欢。小坡也上学——专为逃学。设若假装头疼,躺在家里,母亲是一会儿一来看。既不得畅意玩耍,母亲一来,还得假装着哼哼。"哼哼"本来是多么可笑的事。哼,哼哼,噗哧的一声笑出来了。叫母亲看出破绽来也还没有多大关系,就是叫她打两下儿也疼不到那里去。不过妈妈有个小毛病:什么事都去告诉父亲,父亲一回来,她便嘀嘀咕咕,嘀嘀咕咕,把针尖大小的事儿也告诉给他。世上谁也好惹,就是别得罪父亲。那天他亲眼看见的:父亲板着脸,郑重其事的打了国货店看门的老印度两个很响的耳瓜子。看门的印度,在小坡眼中,是个"伟人"。"伟人"还要挨父亲两个耳光,那末,小坡的装病不上学要是传到他老人家耳朵里去,至少还不挨上四个或八个耳瓜子之多！况且父亲手指上有两个金戒指，打在脑袋上，哟！要不起个橄榄大小的青包才怪！还是和哥哥一同上学好。到学校里，乘着先生打盹儿要睡，或是爬在桌上改卷子的时候，人不知鬼不觉的溜出去。在街上，或海岸上，玩耍够了，再偷偷的溜回来，和哥哥一块儿回家去吃饭。反正和哥哥不同班，他无从知道。哥哥要是不知道，母亲就无从知道。母亲不知道，父亲也就无从晓得。家里的人们很像一座小塔儿，一层管着一层。自要把最底下那层弥缝好了，最高的那一层便傻瓜似的什么也不知道。想想！父亲坐在宝塔尖儿上像个大傻子，多么可笑！

这样看来，逃学并不是有多大危险的事儿。倒是妹妹不好防备：她专会听风儿，钻缝儿的套小坡的话，然后去报告母亲。可是妹妹好说话儿，他一说走了嘴的时候，便忙把由街上捡来的破马掌，或是由教堂里拾来的粉笔头儿给她。她便菁葵着小嘴，一声也不出了。

而且这样贿赂惯了，就是他直着告诉妹妹他又逃了学，妹妹也不信。

"仙！我捡来一个顶好，顶好看的小玻璃瓶儿！"

"那儿呢？二哥，给我吧！"

小玻璃瓶儿换了手。

"仙！我又逃了学！"

"你没有，二哥！去捡小瓶儿，怎能又逃学呢？"

到底是妹妹可爱，看她的思想多么高超！于是他把逃学的经验有枝添叶的告诉她一番，她也始终不跟妈妈学说。

"只要你爱你的妹妹，逃学是没有危险的！"小坡时常这样劝告他的学友。

小坡有两个志愿，只有他的妹妹知道：当看门的印度，（新加坡的大一点的铺户，都有印度人看门守夜。）和当马来巡警。

据小坡看：看门守夜的印度有多么尊严好看！头上裹着大白布包头，下面一张黑红的大脸，挂满长长的胡子，高鼻子，深眼睛，看着真是又体面又有福气。大白汗衫，上面有好几个口袋儿，全装着，据小坡猜，花生米，煮豌豆，小槟榔，或者还有两块鸡蛋糕。那条大花布裙子更好看了，花红柳绿的裹着带毛的大黑腿，下面光着两只黑而亮的大脚丫儿。一天到晚，不用操心做事，只在门前坐着看热闹，所闲得不得了啦，才细细的串脚丫缝儿玩。天仙宫的菩萨虽然也很体面漂亮，可是菩萨没有这种串脚丫缝的自由。关老爷两旁侍立的黑白二将，黑的太黑，白的又太白，都不如看门的印度这样威而不猛，黑得适可而止。（这自然不是小坡的话，不过他的意思是如此罢了。）

况且晚上就在门前睡觉，不用进屋里去，也用不着到时候就非睡去不可。门前一躺，看着街上的热闹，听着铺户里的留声机，妈妈也不来催促。（老印度有妈妈没有，还是个问题。设若没有，那末老印度未免太可怜了；设若有呢，印度妈妈应该有多么高的身量呢？）困了呢，说睡就睡，也不用等着妹妹，——小坡每天晚上等着妹妹睡了，替她放好蚊帐，盖好花毯，他自己才敢去睡。不然，他老怕红眼儿虎，专会欺侮小姑娘们的红眼儿虎，把妹妹叼了去；把蚊帐放好，红眼儿虎就进不去了。

"仙！赶明儿你长大开铺子的时候，叫我给你看门。你看我是多么高大，多么好看的印度！"

"我是个大姑娘，姑娘不开铺子！"妹妹想了半天这样说。

"你不会变吗？仙！你要是爱变成男人呀，天天早晨吃过稀饭的时候，到花园里对椰子树说：仙要变男人啦！这样，你慢慢的就变成父亲那么高的一个人。可是，仙！你别也变成印度；我是印度，你再变成印度，咱们谁给谁看门呢！"

"就是变成男人，我也不开铺子！"

"你要干什么呢？仙！啊，你去赶牛车？"

"呸！你才赶牛车呢！"仙坡用小手指头顶住笑涡，想了半天："我长大了哇，我去，我去作官！"

小坡把嘴搁在妹妹耳朵旁边，低声的嘀咕："仙！作官和作买卖是一回事。那天你没听见父亲说吗：他在中国的时候，花了一大堆钱买了一个官。后来把那一大堆钱都赔了，所以才来开国货店。"

"噢！"仙坡一点也不明白，假装明白了二哥的话。

"仙！父亲说啦，作买卖比作官赚的钱多。赶明儿哥哥也去开铺子，妈妈也去开铺子。可是我就爱给'你'看门。仙，你看，我是多么有威风的印度！"小坡说着，直往高处拔脖子，立刻觉得身量高出一大块来，或者比真印度还高着一点了。

仙坡看着二哥，确是个高大的印度，但是不知为什么心中有点不顺，终于说："偏不爱开铺子吗！"

小坡知道：再叫妹妹开铺子，她可就要哭了。

"好啦，仙！你不用开铺子啦，我也不当印度了。我去当马来巡警好不好？"

妹妹点了点头。

马来巡警背上扛着一块窄长的藤牌，牌的两端在肩外出出着，每头有一尺多长。他站定了的时候，颇似个十字架。他脸朝南的时候，南来北往的牛车，马车，电车，汽车，人力车，便全咯噔一下子站住；往东西走的车辆忽啦一群全跑过去。他忽然一转身，脸朝东了，东来西往的车便全停住，往南北的车都跑过去。这是多么有势力威风，趣味！假如小坡当了巡警，背上那块长藤牌，忽然面朝南，忽然脸向东，叫各式各样的车随着他停的停，跑的跑，够多么有趣好玩！或者一高兴，在马路当中打开捻捻转儿，叫四面的车全撞在一块儿，岂不更加热闹！

妹妹也赞成这个意思，可是：

"二哥！车要是都撞在一处，车里坐的人们岂不也要碰坏了吗？"

小坡向来尊重妹妹的意见，况且他原是软心肠的小孩，没有叫坐车的老头儿，老太太，大姑娘们把耳朵鼻子都碰破的意思。他说：

"仙！我有主意了：我要打嘀溜转的时候，先喊一声：我要转了！车上的人快都跳下来！这么着，不是光撞车，碰不着人了吗？"

妹妹觉得这真好玩，并且告诉他："二哥！等你当巡警的时候，我一定到街上看热闹去。"

小坡谢了谢妹妹肯这样赏脸，并且嘱咐她：

"可是，仙！你要站得离我远一些，别叫车碰着你！"

小坡是真爱妹妹的！

二　种族问题

　　小坡弄不清楚：他到底是福建人，是广东人，是印度人，是马来人，是白种人，还是日本人。在最近，他从上列的人种表中把日本人勾抹了去，因为近来新加坡人人喊着打倒日本，抵制仇货；父亲——因为开着国货店——喊得特别厉害，一提起日本来，他的脖子便气得比蛤蟆的还粗。小坡心中纳闷，为什么日本人这样讨人嫌，不要鼻子。有一天偶然在哥哥的地理书中发现了一张日本图，看了半天，他开始也有点不喜欢日本，因为日本国形，不三不四恰像个"歪脖横狼"的破炸油条，油条炸成这个模样，还成其为油条？一国的形势居然像这样不起眼的油条，其惹人们讨厌是毫不足怪的；于是小坡也恨上了日本！

　　可是这并不减少他到底是那国人的疑惑。

　　他有一件宝贝，没有人知道——连母亲和妹妹也算在内——他从哪儿得来的。这件宝贝是一条四尺来长，五寸见宽的破边，多孔，褪色，抽抽疤疤的红绸子。这件宝贝自从落在他的手里，没有一分钟离开过他。就是有一回，把它忘在学校里了。他已经回了家，又赶紧马不停蹄的跑回去。学校已经关上了大门，他央告看门的印度把门开开。印度不肯那么办，小坡就坐在门口扯着脖子喊，一直的把庶务员和住校的先生们全嚷出来。先生们把门开开，他便箭头儿似的跑到讲堂，从石板底下掏出他的宝贝。匆忙着落了两点泪，把石板也摔在地上，然后三步两步跑出来，就手儿踢了老印度一脚；一气儿跑回家，把宝贝围在腰间，过了一会儿，他告诉妹妹，他很后悔踢了老印度一脚。晚饭后父亲给他们买了些落花生，小坡把瘪的，小的，有虫儿的，都留起来；第二天拿到学校给老印度，作为赔罪道歉。老印度看了看那些奇形怪状的花生，不但没收，反给了小坡半个比醋还酸的绿橘子。

这件宝贝的用处可大多多了：往头上一裹，裹成上尖下圆，脑后还搭拉着一块儿，他便是印度了。登时脸上也黑了许多，胸口上也长出一片毛儿，说话的时候，头儿微微的摇摆，真有印度人的妩媚劲儿。走路的时候，腿也长出一块来，一挺一挺的像个细瘦的黑鹭鸶。嘴唇儿也发干，时常用手指沾水去湿润一回。

把这件宝贝从头上撤下来，往腰中一围，当作裙子，小坡便是马来人啦。嘴唇撇撇着，蹲在地上，用手抓着理想中的咖喱饭往嘴中送。吃完饭，把母亲的胭脂偷来一小块，把牙和嘴唇全抹红了，作为是吃槟榔的结果；还一劲儿呸呸的往地上唾，唾出来的要是不十分红，就特别的用胭脂在地上抹一抹。唾好了，把妹妹找了来，指着地上的红液说：

"仙！这是马来人家。来，你当男人，你打鼓，我跳舞。"

于是妹妹把空香烟筒儿拿来敲着，小坡光着胖脚，胳臂"软中硬"的伸着，腰儿左右轻扭，跳起舞儿来。跳完了，两个蹲在一处，又抓食一回理想的咖喱饭，这回还有两条理想的小干鱼，吃得非常辛辣而痛快。

小坡把宝贝从腰中解下来，请妹妹帮着，费五牛二虎的力气，把妹妹的几个最宝贵的破针全利用上，作成一个小红圆盔，戴在头上。然后搬来两张小凳，小坡盘腿坐上一张，那一张摆上些零七八碎的，作为是阿拉伯的买卖人。

"仙，你当买东西的老太婆。记住了，别一买就买成，样样东西都是打价钱的。"

于是仙坡弯着点儿腰，嘴唇往里瘪着些，提着哥哥的书包当篮子，来买东西。她把小凳上的零碎儿一样一样的拿起来瞧，有的在手中颠一颠，有的搁在鼻子上闻一闻，始终不说买那一件。小坡一手撂在膝上，一手搬着脚后跟，眼看着天花板，好似满不在乎。仙坡一声不出的扭头走开，小坡把手抬起来，手指捏成佛手的样儿，叫仙坡回来。她又把东西全摸了一个过儿，然后拿起一支破铁盒，在手心里颠弄着。小坡说了价钱，仙坡放下铁盒就走。小坡由凳上跳下来，端着肩膀，指如佛手在空中摇画，逼她还个价钱。仙坡只是摇头，小坡不住的端肩膀儿。他拿起铁盒用布擦了擦，然后跑到窗前光明的地方，把铁盒高举，细细的赏玩，似乎决不愿意割舍的样子。仙坡跟过来，很迟疑的还了价钱；小坡的眼珠似乎要弩出来，把铁盒藏在腋下，表示给多少钱也不卖的神气。仙坡又弯着腰走了，他又喊着让价儿。……仙坡的腰酸了，只好挺起来；小坡的嘴也说干了，直起白沫；于是这出阿拉伯的扮演无结果的告一结束。

至于什么样儿的是广东人，和什么样儿的是福建人，上海人，小坡是没有充分的知识的。可是他有很好的解决办法：人家都说，父亲是广东人，那末，自然广东人都应和父亲差不多了。至于福建人呢，小坡最熟识的是父亲的国货店隔壁信和洋货庄的林老板。父亲对林老板感情的坏恶，差不多等于他恨日本人，每谈到林老板的时候，父亲总是咬着牙说：他们福建人！不懂得爱国。据小坡看呢，不但林老板是胖胖大大的可爱，就是他铺中的洋货也比父亲的货物漂亮花俏的多。就拿洋娃娃说吧，不但他自己，连妹妹也是这样主张：假如她出嫁的时候，一定到林老板那里买两个眼珠会转的洋娃娃，带到婆家去。

好在卖洋货和林老板是否可恶的问题，小坡也不深究；他只认定了穿著打扮像林老板的全是福建人。第一，林老板嘴中只有一个金牙，不像父亲和父亲的朋友们都是满嘴黄澄澄的。小坡自然不知道牙是可以安上去的，他总以为福建人是生下来就比广东人少着几个金牙的。第二，林老板的服装态度都非常文雅可爱，嘴里也不像父亲老叼着挺长挺粗的吕宋烟，说话也不像父亲那样理直气壮的卖嚷嚷。他有一回还看见林老板穿起夏布大衫，这是他第一次看到褂子居然可以长过膝的。每逢他装福建人的时候，他便把那块红绸宝贝直披在背后当作长袍，然后找一点黄纸贴在犬牙上，当作林老板的唯一的金牙。

母亲说："凡是不会说广东，福建话，而规规矩矩穿着洋服的都是上海人。"于是小坡装上海人的时候，必要穿好了衣裳，还要和妹妹临时造一种新言语代表上海话。这种话他们随时造随时忘，可是也有几个字是永远不变动的，如管"香烟"叫"狗耳朵"，把"香蕉"叫"老鼠"等等。

外国洋鬼子是容易看出来的，他们的脸色，鼻子，头发，眼珠，都有显然的特色。可是他们的言语和上海人的一样不好懂，或者洋鬼子全是由上海来的？哥哥现在学鬼子话了；学校新来的一位上海先生教他们国语；而哥哥学的鬼子话又似乎和上海人的国语不是一个味儿，这个事儿又透着有点糊涂！在新加坡的人们都喜光着脚，唯独洋鬼子们总是穿着袜子，而且没看见过他们踢拉着木板鞋满街走的，所以装洋鬼子的时候，一定非穿袜子皮鞋不可。妹妹根本反对穿袜子，也只好将就着不叫她穿。不穿袜子的鬼子很少见，可是穿军衣的鬼子很多，于是小坡把那件宝贝折成一寸来宽，系在腰间，至少也可以当一条军人的皮带。至于鼻子要高出一块等等是很容易的。一系上皮带，心里一想，鼻子就高了，眼珠便变成蓝色。虽然有时候妹妹说：他的鼻子还是很平，眼珠一点也不蓝。那只是妹妹偶然脾气不顺，成心这么说，并非是小坡不真像洋鬼子。

小坡对于这些人们，虽然有这样似乎清楚，而又不十分清楚的分别，可是这并不是说他准知道他是那一种人。他以为这些人都是一家子的，不过是有的爱黄颜色便长成一张黄脸，有的喜欢黑色便来一张黑脸玩一玩。人们的面貌身体本来是可以随便变化的。不然，小坡把红巾往头上一缠的时节，怎么能就脸上发黑，鼻子觉得高出一块呢？况且在街上遇见的小孩子们，虽然黑黄不同，可是都说马来话，（他和妹妹也总是用马来话交谈的。）这不是本来大家全是马来，而后来把颜色稍稍变了一变的证明吗？况且一进校门便看见那张红色的新加坡地图，新加坡原来是一块圆不圆，方又不方，像母亲不高兴时作的凉糕；这块凉糕上并没有中国，印度等地名；那末，母亲一来就说：她与父亲都是由中国来的；国货店看门的是由印度来的，岂不是根本瞎说；新加坡地图上分明没有中国印度啊！母亲爱瞎说，什么四只耳朵的大老妖咧,什么中国有土地爷咧,都是瞎说:自然哪,这种瞎说是很好听的。

哥哥是最不得人心的:一看见小坡和福建,马来,印度的小孩儿们玩耍,便去报告父亲,惹得父亲说小坡没出息。小坡郑重的向哥哥声明:"我们一块儿玩的时候,我叫他们全变成中国人,还不行吗?"而哥哥一点也不原谅,仍然是去告诉父亲。

父亲的没理由,讨厌一切"非广东人",更是小坡所不能了解的。就是妈妈也跟着父亲学这个坏毛病:有一回他问母亲,父亲小的时候是不是马来人?母亲居然半天儿没有答理他!还是妹妹好,她说:"东街上的小孩儿们全有马来父亲,咱们的父亲也一定是马来。"

"一定!马来人是由上海来的,父亲看不起上海人,所以也讨厌马来。不知道父亲为什么看不起上海人?"小坡摇着头说。

"父亲是由广东来的,妈妈告诉我的,广东人是天下最好最有钱的!"仙坡这时候的神气颇似小坡的老大姐。

"广东就是印度!"

仙坡想了半天,"对了!"

"仙!赶明儿你长大了,要小孩的时候,你上那里去捡一个呢?"

"我?"仙坡揉着辫子上的红穗儿,想了半天:"我到西边印度人家去抱一个来。"

"对了,仙!你看印度的小孩的小黑鼻子,大白眼珠,红嘴唇儿,多么可爱呀!是不是?"

"对呀!"

"可是，妈妈要不愿意呢？"

"我告诉妈妈呀，反正印度小孩儿长大了也会变成中国人的。你看，咱们那几只小黄雏鸡，不是都慢慢变成黑毛儿的，和红毛儿的了吗？小孩也能这样变颜色的。"

"对了！仙！"

他们这样解决了人种问题。

三　新　年

全世界的小朋友们！你们可曾接到小坡的贺年片？也许还没有收到，可是小坡确是没忘了你们呀。

小坡的父亲在新年未到，旧岁将残的时候，发了许多红纸金字的贺年片。小坡托妹妹给他要了一张和一个红信封。一只小白鸟撅撅着小黄嘴巴儿，印在信封的左角上。片子上的金字是"恭贺新年"和小坡父亲的姓名。小坡把父亲的名字抹了一条黑道，在一旁写上"小坡"两个字；笔上的墨太足了，在"小坡"二字的左右落了两个不小的黑点儿；就着墨点的形象，他画成一个小兔和一个小王八，他托哥哥大坡在带着小白鸟的信封上写：

"给全世界的小朋友。"

小朋友们，等我给你们讲一讲，小坡所用的"全世界"是什么意思。不错，小坡常说：新加坡就是世界；可是当他写这贺年片的时候，他是把太阳，月亮，天河，和星星都算在内的啊！

太阳上虽然很热，月亮上虽然很冷，星星们看着虽然很小，其实它们上边全有小孩儿咧。——有老头儿老太太没有，不可得而知。你们不是在晚间常看见天上的星星，一闪一闪的好像金刚石那么发亮吗？为什么？就是因为它们上边的小孩们放爆竹玩咧。有时候在夜间，你们听见咕隆咕隆的打雷，一亮一亮的打闪，请你们不要害怕，不必藏在母亲的怀里；那是星星上的小孩一齐放爆竹：麻雷子，二踢脚，地老鼠，黄烟带炮等等一齐放，所以声音光亮都大了一些。他们本来是想：把你们吵醒，跟他们耍笑耍笑去。可是，你们睡着了也不要紧，因为他们也很喜欢到你们的梦中和你们耍笑耍笑。你们梦见过许多好看的小"光眼子"不是？有的还带着雪白的翅膀？对了，他们就是由星星上飞来的。

小坡的贺年片是在年前发的，可是你们不一定能在元旦接到。你看，他的红片儿也许先送到太阳上去，也许先送到月亮上去，也许先在地球上转一个圈儿，那全看邮差怎么走着顺脚。就是先在咱们的地球上转吧，不是也许先送到爱尔兰，也许先送到墨西哥吗？简直的没有准儿！可是，你们只要忍耐着点儿，早晚一定能接到的。

假如你们看见天上有飞机的时候，请你们大家一齐喊，叫它下来，因为也许那只飞机就是带着小坡的贺年片往月亮上或是星星上送的。

还有一层：小坡的信封上，印着个黄嘴的小白鸟，并没有贴邮票；他只在信封的右角上粘了半张香烟画片，万一邮局的人们不给他往外送呢！但是，据我想，这倒不大要紧。

邮局的人们不至于那么狠心，把小坡的信扣住不发。他的信是给全世界的小孩儿的，那么，邮局的人们不是也有小孩儿吗？他们能把自己小孩儿的信留起来不送？不能吧。

所可虑的是：邮差把小坡的信先交给他自己的儿女，他们再一粗心，忘了叫父亲转递。这么一来呀，小坡的贺年片可不一准能到你们手里了。你们应当在门口儿等着，见个邮差便问：有小坡的信没有？或是说：有贴香烟画片的信没有？这样提醒邮差一声儿，或者他不至于忘了转寄小坡的信。

你们也许很关心：小坡怎样过新年呢？也许你们要给他寄些礼物去，而不知道寄什么东西好。

好啦，你们听我说：

小坡所住的地方——新加坡——是没有四季的，一年到头老是很热。不管是常绿树不是，（如不知什么是常绿树，请查一查《国语教科书》。）一年到晚叶儿总是绿的。花儿是不断的开着，虫儿是终年的叫着，小坡的胖脚是永远光着，冰吉凌是天天吃着。所以小坡过新年的时候，天气还是很热，花儿还是美丽的开着，蜻蜓蝴蝶还是妖俏的飞着；也不刮大风，也不下雪，河里也不结冰。你们要是送给他礼物，顶好是找个小罐儿装点雪，假如你住的地方有雪，给他看看，他没有看见过。他听说过：雪是一片一片的小花片儿，由天上往下落；可是，他总以为雪是红颜色的；有一回他看见一家行结婚礼的，新郎新娘出来的时候，有许多人由楼上往下撒细碎的红纸片儿；他心里说："啊，这大概就是下雪吧！"从此以后，他便以为雪花是红颜色的了。他这样说，妹妹仙坡也自然这么信；就是妈妈也不敢断言雪是白的，还是红的,还是豆瓣绿的;因为妈妈是广州人,也没有看见过雪。

小坡看见过的东西也许你们没有见过,比如:你们看见过香蕉树吗?小坡的后院里就有好几株,现在正大嘟噜小挂结着又长又胖的香蕉,全是绿的,比小荷叶还绿;你们看见过项上带着肉峰的白牛吗?看见过比螺丝还大一些的蜗牛吗?……请你们给小坡寄些礼物吧,他一定要还礼的。也许他给你送两个大蜗牛玩玩,(这种大蜗牛也是"先出犄角,后出头"的。)也许他给你画两张图。小坡的图画是很有名的,而且画得很快;不过有时候过于慌了,也许把香蕉画成蓝的,把黄牛画成三条腿。请你告诉他慢慢来,不要忙,他一定可以画得很正确很美观的。

新加坡的人们,不像别处,是各式各样的,以脸色说吧,就有红黄黑白的不同。小坡过年的时候,这"各色人等"也都过年;所以显着分外的热闹。那里有穿红绣鞋的小脚儿老太太,也有穿西服露着胳臂的大姑娘。那里有梳小辫,结红绳的老头儿;也有穿花裙,光着脚的青年小伙子。有的妇女鼻子上安着很亮的珠子,有的妇女就戴着大草帽和男人一样的作工。可是,到了新年,大家全笑着唱着过年,好像天下真是一家了。谁也不怒视谁一眼,谁也不错说一句话;大家都穿上新衣,吃些酒肉,忘记了旧的困苦,迎接新的希望。基督教堂的钟声当当的敲出个曲调来,中国的和尚庙奏起法器,也沉远悠扬的好听。菩萨神仙过年不过,我们不知道,但是他们一定是报着嘴,很喜欢看这群人们这样欢天喜地,和和美美的享受这年中的第一天。

虫儿鸟儿一清早便唱起欢迎新岁的歌儿,唱得比什么音乐都好听。花儿草儿带着清香的露珠欢迎这元旦的朝阳。天上没有一块愁眉不展的黑云，也没有一片无依无靠，孤苦零丁的早霞，只是蓝汪汪的捧着一颗满脸带笑的太阳。阳光下闪动着各色的旗子，各样的彩灯，真成了一个锦绣的世界。

小坡自己呢，哎呀，真忙个不得了。随着鸟声他便起来了，到后花园中唱了一个歌儿给虫儿鸟儿们听。然后进来亲了亲妹妹的脑门儿，妹妹还没睡醒，可是小嘴唇上已经带着甜美的笑意。把妹妹叫醒，给她道了新禧，然后抱着二喜去洗澡。二喜是一个小白猫，脑门上有两个黄点儿。洗完了澡，便去见母亲，张罗着同她买东西去。虽然是新年，还要临时去买吃食。因为天气太热，东西搁不住。母亲买东西一定要带着小坡，因为他会说马来话又会挑东西，打价钱；而且还了价钱不卖的时候，他便抢过卖菜的或是卖肉的大草帽儿，或是用他的胖手指头戳他们的夹肢窝，于是他们一笑就把东西卖给他了。

在市场买了一大筐子东西，小坡用力顶在头上，（这是跟印度人学的。）压得他混身都出了玉米粒大的汗珠子。到了家中把筐子交给陈妈——他们的老妈子。陈妈向来是一天睡十八点钟觉的，就是醒着的时候，眼睛也不大睁着。今天她也特别的有精神，眼睛确是睁着，而且眼珠里似乎有些笑意。

父亲也不出门，在花园中收拾花草。把一串大绿香蕉也摘下来，挂在堂中，上面还拴上一些五彩纸条儿，真是好看。哥哥的钱全买了爆竹，在门口儿放着，妹妹用手堵着耳朵注意的听响儿。小坡忽然跑到厨房，想帮助母亲干点儿事。又慌着跑到花园和父亲一块儿整理花草。听见了炮声，又赶紧跑到门口看哥哥放爆竹,哥哥不准他动手,他也不强往前巴结,站在妹妹身后,替她堵着耳朵。喝!真忙!幸亏没穿鞋,不然非把鞋底跑个大窟窿不可!

吃饭了,桌上摆满了碟碗,小坡就是搬着脚指头算,也算不清了。真多,而且摆得多么整齐好看呢!哎呀!父亲还给买来玩艺儿!妹妹是一套喝咖啡用的小壶小碗小罐,小坡是一串火车,带站台铁轨。"到底是新年哪!"小坡心里说。

吃完了饭,剩下不少东西,母亲叫小坡和妹妹在门口看着,如有要饭的花子来了,给他们一些吃,母亲向来是非常慈善的。

父亲喝多了酒,躺在竹床上,要起也起不来。哥哥吃得也懒得动。二喜叼着一个鱼头到花园里去慢慢的吃。小坡和妹妹拿着新玩艺儿在门外的马缨花下坐着,热风儿吹过,他也慢慢的打起盹儿来。

这时候,四外无声,天上响晴。鸟儿藏在绿叶深处闭上小圆眼睛。蜻蜓也落在叶尖上,只懒懒的颤动着透明的嫩翅膀。椰子树的大长绿叶,有时上下起落,有时左右平摆,在空中闪动着,好似彼此嘀咕什么秘密。只有蜂儿还飞来飞去忙个不了,嗡嗡的声儿,更叫人发困。

风儿越来越小了,门上的旗子搭拉下来,树叶儿也似乎往下披散,就是马缨花干上的寄生草儿也好像睡着了,竟自有一枝半枝的离了树干在空中悬悬着,好似睡着了的小儿,把胳臂轻松的搭在床沿上。

马儿也不去拉车,牛儿也歇了工,都在树荫下半闭着眼卧着。多么静美!远处几声鸡啼,比完全没有声儿还要静寂。

多么静美！这便是小坡的新年。啊，别出声，小坡睡着了！一切的人们鸟兽都吃饱酣睡，在梦里呼吸着花儿的香味。

小坡醒来时，看见妹妹的黑发上落着三四朵深红的马缨花。

四　花　园　里

可惜新年也和别的日子一样，一眨巴眼儿就过去了。父亲又回铺子去作生意，母亲也不作七碟子八碗的吃食了，陈妈依旧一天睡十八点钟觉，而且脸上连一钉点笑容也没有啦。父亲给的玩艺儿也有点玩腻啦，况且妹妹的小碗儿丢了一个，小坡的火车也不住的出轨，并且摔伤不少理想中的旅客。

妈妈和哥哥都出了门，陈妈正在楼上作梦。小坡抱着火车，站台，轨道，跑到花园中，想痛痛快快的开一次快车。到了园里，只见妹妹仙坡独自坐在篱旁，地上放着一些浅黄的豆花，编花圈儿玩呢。

"仙，干什么呢？"

"给二喜编个花圈儿。"

"不用编了，把花儿放在火车上，咱们运货玩吧。"

"也好。从哪儿运到哪儿呢？"妹妹问，其实她准知道小坡怎么回答。

"从这里运到吉隆坡,好不好?"

父亲常到吉隆坡去办事情,总是坐火车去,所以小坡以为凡是火车都要到吉隆坡去,好似没有吉隆坡,世界上就根本没有修火车路的必要。

"好,咱们上货吧。"妹妹说。

兄妹俩把豆花一朵一朵的全装上车去,小坡把铁轨安好,来回开了几趟;然后停车,把花儿都拿下来;然后又装上去,又跑了几趟;又拿下来;又装上去……慢慢的把花儿全揉搓熟了,火车也越走越出毛病。

"仙,咱们不这么玩啦。"

"干什么呢?"妹妹一时想不出主意来。

小坡背着手儿,来回走了两遭,想起来了:"仙,咱们把南星,三多,什么的都找来,好不好?"

"妈妈要是说咱们呢?"

"妈妈没在家呀!仙,你等着,我找他们去。"

不大一会儿,小坡带来一帮小孩儿:两个马来小姑娘;三个印度小孩,二男一女;两个福建小孩,一男一女;一个广东胖小子。

两个马来小姑娘打扮得一个样儿,都是上身穿着一件对襟小白褂,下边围着条圆筒儿的花裙子。头发都朝上梳着。在脑瓜顶上梳成朝天杵的小髻儿。全光着脚,腿腕上戴着对金镯子。她们俩是孪生的姊妹,模样差不多,身量也一般儿高。两个都是慢条斯礼,不慌不忙的,似乎和他们玩不玩全没什么关系。她们也不多言,也不乱动,只手拉手儿站在一边,低声的争辩:谁是姐姐,谁是妹妹;因为她们俩一切都相同,所以记不清谁是姐,谁是妹。

两个小男印度，什么也没穿，只在腰间围着条短红裙。他们的手，脚，脊梁，都非常的柔软，细腻，光滑；虽然是黑一点儿，可是黑得油汪汪的好看。那个印度小妞妞也穿着一条红裙，可是背上斜披着一条丝织的大花巾，两头儿在身旁搭拉着，非常潇洒美观。

两个福建小孩都穿着黑暑凉绸的宽袖宽腿衣裤。那个小姑娘梳着一头小短辫，系着各色的绒绳。

广东的胖小子，只穿着一条小裤叉。粗粗的胳臂，胖胖的腿，两眼直不棱的东瞧瞧西看看，真像个混小子。

大家没有一个穿着鞋的，就是两个福建小孩——父亲是开皮鞋店的——也是光着脚丫儿。

他们都站在树荫下，谁也不知道干什么好。南星，那个广东胖小子，一眼看见小坡的火车，忽然小铜钟似的说了话：

"咱们坐火车玩呀！我来开车！"说着他便把火车抱起来，大有不再撒手的样儿。

"往吉隆坡开！"小坡只好把火车让给南星，因为他——南星——真坐过火车，而且在火车上吃过一碗咖喱饭。坐过火车的自然知道怎么驶车，所以小坡只好退步。

两个印度小男孩的父亲在新加坡车站卖票，于是他们喊起来：

"这里买票！"

（现在他们全说马来话——南洋的"世界语"。）

大家全拔了一根兔儿草当买票的钱。

"等一等！人太多，太乱，我来当巡警！"小坡当了巡警，上前维持秩序："女的先买！"

小妞儿们全拿着兔儿草过来,交给两个小印度。他们给大家每人一个树叶当作车票。

大家都有了车票,两个卖票的小印度也自己买了票——他们自己的左手递给右手一根草,右手给左手一个树叶。

他们全在南星背后排成两行。他扯着脖子喊了一声:"门!——"然后两腿弯弯着,一手托着火车,一手在身旁前后的抡动,脚擦着地皮,嘴中"七咚七咚"的响。

开车了!

后面的旅客也全弯弯着腿,脚擦着地,两手前后抡转,嘴中"七咚,七咚",这样绕了花园一圈。

"吃咖喇饭呀!不吃咖喇饭,不算坐过火车!"驶车的在前面嚷。

于是大家改为一手抡动,一手往嘴里送咖喇饭。这样又绕了花园一遭。

火车越走越快了,南星背后的两个马来小妞儿,裙子又长,又没有多大力气,停止了争论谁是姐,谁是妹;喘着气问:"什么时候才能到呢?"

"离吉隆坡还远着呢!到了的时候,我自然告诉你们。"小坡在后面喊。

"什么?到吉隆坡去?刚才买的票只够到柔佛去的!"两个小印度很惊异的说:"没有别的法子,只好还得补票。"说着他们便由车上跳下来,跟大家要钱。都没带钱,只好都跳下去,到墙根去拔兔儿草。南星一个人托着火车,口中"七咚七咚"的,绕了花园一遭。

火车还跑着,大家不知道怎么股子劲儿,又全上去了。

车跑得更快了!马来小姑娘撩着裙子,头上的小髻向前杵杵着，拚命的跑。到底被裙子一裹腿，两个一齐朝前跌下去，正压在驶车的背上。后面的旅客也一时收不住脚，都自自然然的跌成一串；可是口中还"七咚七咚"的响。仙坡的辫子缠在马来小妞的腿上，脚后跟正顶住印度小姑娘的鼻子尖；但是不管，口中依旧念着"七咚七咚"。

"改成货车啦！就这么爬吧！"小坡出了主意。他看见过：客车是一间一间的小屋子，货车多半是没有盖儿的小矮车。那末，大家现在跌在地上，矮了一些，当然正好变作货车。

南星又"门！——"了一声，开始向前爬，把火车也扔在一边。大家在后面也手脚齐用的跟着。

小猫二喜也来了，跟在后面。她比他们跑得轻俏了，一点也不吃力。

小坡不说话，自然永远到不了吉隆坡，因为只有他认识那个地方。（其实他并没到过那里，因为父亲常提那里的事儿，小坡便自信他和吉隆坡很有关系似的。）可是他偏不说，于是大家继续往前爬。

南星忽然看见小坡的"站台"在篱旁放着，他"门！——"了一声，便爬过去。喊了声："到了！"便躺在地上不住的喘气。大家也都倒下，顾不得问到底是不是到了吉隆坡。小坡明知还没有到目的地，可是也没有力量再爬，只好口中还"七咚七咚"的，倒在地上不动。

大家不知躺了好久才喘过气儿来。两个马来小妞儿先站起来了，头上的小髻歪歪在一边，脑门上还挂着许多小汗珠，脸上红红的，更显得好看。她们低声的说："不玩了！坐火车比走道儿还累的慌，从此再也不坐火车了！"

小坡赶紧站起来，拦住她们。虽然是还没到吉隆坡，但是她们既不喜欢再坐火车，只好想些别的玩法吧。她们听了小坡甜甘的劝告，又拉着手儿坐下了。仙坡也抬起头儿问她们谁是姐姐，谁是妹妹；于是她们又想起那未曾解决过的问题，忘了回家啦。

"来，说笑话吧！"小坡出了主意。

大家都赞成。南星虽没笑话可说，可也没反对，因为他有个好主意：等大家说完，他再照说一遍，也就行了。

他们坐成一个圆圈，都脸儿朝里，把脚放在一处，许多脚指头像一窝蜜蜂似的，你挤我，我挤你的乱动。

"谁先说呢？"小坡问。

没有人告奋勇。

"看谁的大拇脚指头最小，谁就先说。"三多——那个福建小儿——建议。

"对了！"仙坡明知自己的脚小，可是急于听笑话，所以用手遮着脚这样说。

南星也没等人家推举他，就拨着大伙儿的脚指，像老太太挑香蕉似的，检查起来。结果是两个马来小妞的最小，大家都鼓起掌欢迎她们说笑话。

两小妞的脸蛋更红了，你看着我，我瞧着你，不知说什么好，也不知谁应当先说。嘀咕了半天，打算请姐姐先讲，可是根本弄不清谁是姐姐，于是又改成两个一齐说。她们看着地上，手摸弄着腿腕上的镯子，一齐细声细气的说：

"有一回呀，有一回呀，有一个老虎，"

"不是，不是老虎，是鳄鱼！"

"不是鳄鱼，是老虎！"

"偏不是老虎，是鳄鱼！"

一个非说老虎不行，一个非讲鳄鱼不可。姐妹俩越说越急，头上的小髻都挤到一块，大家只听到："老虎，鳄鱼，鳄鱼，老虎。"

南星鼓起掌来，他觉得这非常好听。平常人们说笑话，总是又长又复杂，钩儿弯儿的，老听不明白。你看她们说的多么清楚：老虎，鳄鱼，没有别的事儿。好！拚命鼓掌！

仙坡恐怕她们打起来，劝她们一个先说老虎，一个再说鳄鱼。她们不听，非一齐说不可；因为她们这两个笑话是一字不差记在心里的；可是独自个来说，是无论怎样也背不上来的。

大家看这个样儿，真有点不好办，全举起手来要说话。及至小坡问他们要说什么，又将手落下去，全一语不发啦。最后还是小坡提议：叫她们姐妹等一会儿再说，现在先请妹妹仙坡说一个。其实仙坡的笑话，他是久已听熟的，但是爱妹妹心切，所以把她提出来。大家也不知究竟听明白没有，又一齐鼓掌。小印度姑娘不懂得怎样鼓掌，用手拍着脚心；心中纳闷：为什么她拍的没有别人那样响亮呢？

仙坡很感激大家鼓掌欢迎她，可是声明：她的嘴很小，恐怕说不好。大家都以为这不成理由，而且南星居然想到：嘴小吃香蕉吗，倒许吃得不痛快；说笑话吗，恐怕嘴小比嘴大还好；他自己的嘴很大，然而永远不会说故事。

仙坡很客气的答应了他们，大家全屏气息声的听着。她先扭着头看了看椰树上琥珀色的半熟椰果，然后捻了捻辫上的红绒绳儿，又摸了摸脚背上的小黑痣儿。南星以为这就是说笑话，登时鼓起掌来。小坡有点不高兴，用脚指头夹了南星的胖腿肚子一下,南星赶紧停止了拍掌。

仙坡说了:

"有一回呀,有一只四眼儿虎,"

两个马来小妞,两个印度小儿一齐说了:"虎都是两只眼睛!"马来和印度都是出虎的地方,所以他们知道的详细。

仙坡把小嘴一撅,生了气:"不说了!"

印度小孩觉得有点不好意思,赶紧解说:"你说的是两只虎,那自然是四个眼的。"

"呸!偏是一只老虎,四个眼睛!"仙坡的态度很强硬。

马来姐妹一齐低声问:"四个眼睛都长在什么地方呢?都长在脖子上?"说完,她们都遮嘴,低声笑了一阵。

仙坡回答不出,只好瞪了她们一眼。

三多忽然一时聪明,替仙坡说:"戴眼镜的老虎便是四眼虎!"

南星不明白话中的奥妙,只觉得糊涂得颇有趣味,又鼓起掌来。

仙坡不言语了。小坡试着想个好听的故事,替妹妹转转脸。不知为什么,除了四眼虎这个笑话,什么也想不起来。

大家请求印度小姑娘说,她也说了个虎的故事,而且只说了一半,把下半截儿忘了。

这时候,大家都想说,可是脑中只有虎,虎,虎,虎,谁也想不出新鲜事儿来。

最后南星自荐,给大家说了一个:

"有一回呀,有只四眼虎,还有只六眼虎,还有只——有只——七眼虎。"说到六只眼,他的"以二进"的本事完了,只能一只一只往上加了。一直说到:"还有只十八眼虎，"再也想不起：十八以后还是五十呢，还是十二呢。

想不起，便拉倒，于是他就秃头儿文章，忽然不说了。假如他不是自己给自己鼓掌，谁也想不到他是说完了。

五　还在花园里

南星的笑话说完，不但没人鼓掌，而且两个马来小妞低声的批评：她们向来没听过这样糊涂的故事！南星听见了，虽然没生气，心中可有点不欢喜。糊涂人也有点精明劲儿，这点精明是往往在人家说他糊涂的时候发现，南星也是如此。他想了半天，打算说些绝不带傻气的话，以证明他不"完全"糊涂；他承认自己有"一点"糊涂。他忽然说：

"我坐过火车！"

这句话叫他的身分登时增高了许多，因为在这一帮小孩中。只他一个人有说这个话的资格。大家自然都看见过火车，可是没有坐过，"看过"和"坐过"是根本不同的；当然不敢出声，只好听着南星说：

"火车一动，街道，树木，人马，房子，电线杆子就全往后面跑。"

这个话更是叫他们闻所未闻，个个张着嘴发楞，不敢信以为实，也不敢公然反对。

现在南星看出他的身分是何等的优越，心中又觉得有点不安，似乎糊涂惯了，忽然被人钦敬，是很难受的事儿。于是他双手扯着嘴,弄了个顶可怕,又可笑的鬼脸。

大家此时好像受了南星的魔力,赶快都双手扯嘴,弄了个鬼脸;而且人人心中觉到,他们的鬼脸没有南星的那样可怕又可笑。

到底是小坡胆气壮,不易屈服,他脸对脸的告诉南星,他不明白为什么树木和电线杆子全往后退。

"你看,"南星此刻也有点怀疑,到底刚才所说的是否正确。可是话已说出去,也不好再改嘴:"你看,比如这是火车,"他捡起小坡的火车来,托在手上:"你们是火车两旁的人马树木,你们全站起来!"

大家依命都站起来。

"看着,"南星说:"这是火车,"火车一走,他往前跑了几步:"你们就觉着往后退!"他又往前跑了几步,回过头来问:"觉得往后退没有?"

大家一齐摇头!

南星脸红了,结结巴巴的说:

"来!来!咱们大家当火车,你们看两旁的树木房子退不退!"

他们排成两行,还由南星作火车头,"门!——"了一声,绕了花园一遭。

"看出东西全往后退没有?"南星问,其实他自己也没觉得它们往后退,不过不好意思不这么问一声儿。

"没有!没有!"大家一齐喊。两个马来小妞低声儿说:"我们倒看见树叶儿动了,可是,或者是因为有风吧!"说完她们咭咭咕咕的笑了一阵。

"反正我坐过火车!"南星没话可说,只好这样找补一句。

"他瞎说呢，"两个马来小妞偷偷的对仙坡说："我们坐过牛车，就没看见东西往后退。"

牛车，火车，都是车，仙坡自然也信南星是造谣言呢。

三多想：也许树木和房子怕火车碰着它们，所以往后躲，这也似乎近于情理；但是他没敢发表他的意见。看着大家还排着两行，没事可作，他说了话：

"咱们当兵走队玩吧！"

大家正想不出主意，乐得的有点事儿作，登时全把手搁在嘴上吹起喇叭来。南星一边儿吹号，一边儿把脚丫抬起老高，噗嚓噗嚓的走。大家也噗嚓噗嚓的在后面跟着。小坡拔起一根三楞草插在腰间，当作剑；又捡起根竹竿骑上，当马；耀武扬威的作起军官来。

"不行！不行！站住！"小坡在马上下命令："大家都吹喇叭，没有拿枪当兵的还行吗？"

全部军队都站住，讨论谁吹喇叭，谁当后面跟着的兵。

讨论的结果：大家全愿意吹喇叭，南星说他可以不吹喇叭，但是必须允许他打大鼓。

"我们不能都吹喇叭！"小坡的态度很坚决："这么着，先叫小姑娘们吹喇叭，我们在后面跟着当兵。然后我们再吹喇叭，叫她们跟着走，这公道不公道？"

小坡的办法有两个优点：尊敬女子和公道。大家当然赞成。于是由仙坡领队，她们全把手放在嘴上，嘀打嘀打的吹起来。

可是，后面的兵士也全把手放在嘴上吹起来。

"把手放下去！"小坡向他们喊。

他们把手放下去了,可是嘴中依然嘀打嘀打的吹着,而且吹得比前面的乐队的声音还大的多。小坡本想惩罚他们中的一个,以示警戒。可是,他细一听啊,好,他自己也正吹得挺响。

走了一会儿,小坡下命换班。

男的跑到前面来,女的退到后边去,还是大家一齐出声,谁也不肯歇着。小坡本来以为小姑娘们容易约束,谁知现在的小妞儿更讲自由平等。

"大家既都愿意吹喇叭,"小坡上了马和大家说:"落得痛痛快快的一齐唱回歌吧!"

唱歌比吹喇叭更痛快了,况且可以省去前后换班的麻烦,大家鼓掌赞成。

"站成一个圆圈,我一举竹竿就唱。"小坡把竹竿——就是刚才骑着的那匹大马——举起,大家唱起来。

有的唱马来歌,有的唱印度曲,有的唱中国歌,有的唱广东戏,有的不会唱扯着脖子嚷嚷,南星是只会一句:"门!——"

啊哎吆喝,门!——吆哎啊喝,门!——哎呀,好难听啦,树上的鸟儿也吓飞了,小猫二喜也赶快跑了,街坊四邻的小狗一齐叫唤起来,他们自己的耳朵差不多也震聋了。

小坡忽然想起:陈妈在楼上睡觉,假如把她吵醒,她一定要对妈妈说他的坏话。他赶紧把竹竿举起,叫大家停住。他们正唱得高兴,哪肯停止;一直唱(或者应该说,"嚷")下去,声儿是越来越高,也越难听。唱到大家都口干舌燥,嗓子里冒烟,才自动的停住。停住之后,南星还补了三四声"门!——"招得两个马来小妞说:设若火车是她们家的,她们一定在火车头上安起一架大留声机来，代替汽笛——天下最难听的东西！

幸而陈妈对睡觉有把握，她始终没醒；小坡把心放下去一些。

歇了一会儿，大家才彼此互问："你刚才唱的是什么？""你听我唱的好不好？"

"我也不知道我唱的是什么。你唱的我一点也没听见！"大家这么毫不客气的回答。

大家并不觉得这样回答有什么不对的地方，本来吗，唱歌是要"唱"的，谁管别人听不听呢。

又没事可作了！有的手拍脑门，有的手按心口，有的撩着裙子，有的扯着耳朵，大家想主意。主意本来是很多的，但是一到想的时候，便全不露面儿了。想了半天，大家开始彼此问："你说，咱们干什么好？"

"我们'打倒'吧？"小坡提议。

"什么叫'打倒'呢？"大家一齐拥上前来问。

据小坡的经验，无论开什么会，演说的人要打算叫人们给他鼓掌，一定得说两个字——打倒。无论开什么会，听讲的人要拍掌，一定是要听到两个字——打倒。比如学校里欢迎校长吧，学生代表一喊打倒，大家便鼓起掌来。比如行结婚礼吧，证婚人一说打倒，便掌声如雷。这并不是说，他们欢迎校长，而又想把他打出去；他们庆贺人家白头偕老，又同时要打新郎新妇一顿；这不过是一种要求鼓掌的记号罢了。

不但社会上开会如此，就是小坡的学校内也是如此。三年级的学生喊打倒，二年级的小姑娘也喊打倒，幼稚园的胖小子也喊打倒。先生不到时候不放学，打倒。妈妈作的饭不好吃，打倒。好像他们这一辈子专为"打倒"来的，除了他们自己，谁都该打倒。最可笑的是，小坡看出来，人人喊打倒，可是没看见过谁真把谁打倒。更奇怪的是：不真打，人们还真不倒。小坡有点不佩服这群只真嚷嚷，而不真动手的人们。

小坡的计划是：去搬一只小凳当讲台，一个人站在上边，作为讲演员。他一喊打倒，下面就立起一位，问：你是要打倒我吗？台上的人一点头，登时跳下台去，和质问的人痛打一番。讲演人战胜呢，便再上台去喊打倒，再由台下一人向他挑战。他要是输了呢，便由战胜者上台去喊打倒。如此进行，看最后谁能打倒的顶多，谁就算赢了；然后由大家给他一点奖品。

南星没等说完，已经把拳头握好，专等把喊打倒的打倒。两个小印度也先在自己的胸上捶了两拳，作为接战的预备。三多也把暑凉绸褂子脱了，交给妹妹拿着。

两个马来小妞儿一听他们要打架比武，吓得要哭。仙坡虽然胆子大一些，但是声明：男和女打不公道。印度小姑娘主张：假如非打不可，那末就三个女的打一个男的，而且女的可以咬男子的耳朵。三多的妹妹没说什么，心中盘算：大家要打成一团的时候，她便把哥哥的褂子盖在头上，藏在花丛里面。

南星虽然凶猛非常，可是听到她们要咬耳朵，心中未免有点发嘀咕：设若他长着七八十来只耳朵呢，咬掉一个半个也原不算什么。可是一个人只有两只——他摸了摸耳朵，确是只有一对儿！——万一全咬下去，脑袋岂不成了秃球！他傻子似的看着小坡，小坡到底有主意：女子不要加入战团，只要在远处坐着，给他们拍掌助威。

大家赞成这个办法。女子坐在一边，专等鼓掌。小坡搬了一只小矮凳来，怕南星抢他的，登时便跳上去。

小坡的嘴唇刚一动，南星便蹿过去了；他以为小坡一定要说打倒的。谁知小坡并没那么说，他真像个讲演家似的，手指着天上："诸位！今天，哥哥到这里，"（有仙坡在座，他自然要自称哥哥，虽然他常听人们演说的时候自称"兄弟"。）"要——打倒！"

"你要打倒我吗？"下面四位英雄一齐喊。

小坡原是主张一个打一个的，可是一见大家一齐来了，要一定主持原议，未免显着太不勇敢。于是他大声喝道：

"就是！要打你们一群！"

这一喊不要紧，简直的像拆了马蜂窝了，大家全吼了一声，杀上前来。

两个小印度腿快，过来便一人拉住小坡一只胳臂。南星上来便搂他的腿。三多抡圆了拳头，打在自己头上，把自己打倒。小坡拚命往外抽胳臂，同时两脚叉开，不叫南星搂住。

仙坡一看三个打一个，太不公平，捋了一把树叶，往南星背上扔；可是无济于事，因为树叶打人是不疼的。两个马来小妞害怕，遮着眼睛由手指缝儿往外看，看得分外清楚。印度小姑娘用手拍脚心，鼓舞他们用力打。三多的妹妹看见哥哥自己打倒了自己，过去骑在他身上，叫他当黄牛。

小坡真有能耐，前抢后扯，左扭右晃，到底把胳臂抽出来。南星是低着头，专攻腿部，头上挨了几拳，也不去管，好像是已把脑袋交给别人了似的。他本来是搂着小坡的腿，可是经过几次前后移动，也不知是怎回事，搂着的腿变成黑颜色了。好吧，将错就错，反正摔谁也是一样，一使劲，把小印度搬倒了一个。这两个滚成一团，就手儿也把小坡绊倒。于是四个人全满地翻滚，谁也说不清那个是自己的手脚，那个是别人的；不管，只顾打；打着谁，谁算倒运；打着自己，也只好算着。

打着打着，南星改变了战略：用他的胖手指头钻人们夹肢窝和大腿根的痒痒肉。大家跟着都采用这个新战术，哎呀！真痒痒！都倒在地上，笑得眼泪汪汪，也没法再接着作战。笑声刚住，肋骨上又来了个手指头，只好捧着肚子再笑。刚喘一口气，脚心上又挨了一戳，机灵的一下子，又笑起来。小姑娘们也看出便宜来，全过来用小手指头，像一群小毛毛虫似的，痒痒出出，痒痒出出，在他们的胸窝肋骨上乱串。他们满地打滚，口中一劲儿央求。

"谁赢了？"三多忽然喊了一声。

大家都忽然的爬起来，捧着肚子喘气，刚喘过气来，大家一齐喊："我赢了！"

"请仙坡发给奖品！"小坡说。

仙坡和两个马来小姐嘀咕了半天，然后她上了小凳，手中拿着一块橘皮，说：

"这里是一块黄宝石，当作奖品。我们想，"她看了两个马来小妞一眼："这个奖品应当给三多！"

"为什么？没道理！"他们一齐问。

"因为："仙坡不慌不忙的说："他自己打倒自己，比你们乱打一回的强。他打倒自己以后，还背着妹妹当黄牛，又比你们好。"她转过脸去对三多说："这是块宝石,很娇嫩的,你可好好的拿着,别碰坏了!"

三多接过宝石,小姑娘们一齐鼓掌。

"不公道!"两个小印度嚷。

"不明白!"南星喊。

"分给我一半!"小坡向三多说,跟着赶紧把妹妹背起来:"我也爱妹妹,当黄牛,还不分给我一半?"

南星一看,登时爬在地上,叫小印度姑娘骑上他:"也分给我一半!"

两个小印度慌着忙着把两个马来小妞背起来。

三多的妹妹在三多的背上说:

"不行了!太晚了!"

"不玩了!"南星的怒气不小。

"不玩了?可以!得把我们背回家去!"小姑娘们说。

他们一人背着一个小姑娘,和小坡兄妹告辞回家。

六 上 学

要是学校里一年到头老放假,这一年的光阴要过得多么快活,多么迅速;你看,年假一个来月过得有多快,还没玩耍够呢,又到开学的日子了!不知道先生们为何这样爱教书,为什么不再放两三个月的假,难道他们不喜欢玩耍吗?那怕再放"一"个月呢,不也比现在就上学强吗?

小坡虽然这么想，可是他并不怕上学。他只怕妹妹哭，怕父亲生气；此外，他什么也不怕，没有他不敢作的事儿。开学就开学啵，也跟作别的游戏一样，他高高兴兴的预备起来。由父亲的铺中拿来七八支虫蚀掉毛，二三年没卖出去的毛笔。父亲那里不是没有好笔，但是小坡专爱用落毛的，因为一边写字，一边摘毛，比较的更热闹一些。还拿来一个大铜墨盒，不为装墨，是为收藏随时捡来的宝贝——粉笔头，小干槟榔，棕枣核儿等等。

父亲给买来了新教科书，他和妹妹一本一本的先把书中图画看了一遍。妹妹说：这些新书不如旧的好，因为图画不那么多了。小坡叹了口气说：先生们不懂看画，只懂看字，又有什么法儿呢！

东西都预备好了，书袋找不到了。小坡和妹妹翻天捣洞的寻觅，连洗脸盆里，陈妈的枕头底下都找到了，没有！最后他问小猫二喜看见了没有，二喜喵了一声，把他领到花园里，哈哈！原来书袋在花丛里藏着呢。拿起一看，里面鼓鼓囊囊的装着些小棉花团，半个破皮球，还有些零七八碎的；原来二喜没地方放这些玩艺儿，借用小坡的书袋作了百宝囊。他告诉了妹妹这件事，他们于是更加喜爱二喜。小坡说：等父亲高兴的时候，可以请求他给买个新书袋，就把这个旧的送给二喜。妹妹说：简直的她和二喜一人买个书袋，都去上学也不坏。可是小坡说：学校里有一对小白老鼠，要是二喜去了恐怕小鼠们有些性命难保！这个问题似乎应该等有工夫时，再详加讨论。

由家里到学校有十几分钟便走到了。学校中是早晨八点钟上课，哥哥大坡总在七点半前后动身上学。可是小坡到六点半就走，因为妹妹每天要送他到街口，然后他再把妹妹送回家，然后她再送他到街口，然后他再把妹妹送回来。如此互送七八趟，看见哥哥预备好了，才恋恋不舍的把妹妹交给母亲，然后同哥哥一齐上学。

有的时候呢，他和妹妹在附近走一遭，去看南星，三多，和马来小妞儿们。小坡纳闷：为什么南星们不和他在一个学校念书；要是大家成天在一块儿够多么好！不行，大家偏偏分头去上学，只有早晚才能见面，真是件不痛快的事。还更有不可明白的事呢：大家都是学生，可是念的书都不相同，而且上学的方法也不一样。拿南星说吧，他一月只上一天学。那就是说：每月一号，南星拿着学费去交给先生，以后就不用再去，直等到第二月的一号。听说南星所入的学校里，有一位校长，一位教员，一个听差，和一个学生——就是南星。校长，教员，听差，和南星都在每月一号到学校来。大家到齐，听差便去摇铃，摇得很响。一听见铃声南星便把学费交给校长。听差又摇铃，摇得很响；校长便把南星的学费分给先生与听差。听差又摇铃，摇得很响；校长和先生便出去吃饭。他们走后，南星抢过铜铃来摇，摇得更响；痛痛快快的摇过一阵，便回家去。他第一次入学的时候，拿着第一册国语教科书，现在上了三年的学，还是拿着第一册国语。他的父母说：天下再找不出这样省书钱，省笔墨费的地方，所以始终不许南星改入别的学校。校长和先生呢，也真是热心教育，始终不肯停。新加坡学校太多，招不来学生，那不是他们的过错。小坡很想也入南星所在的学校，但是父亲不但不允所请，还带手儿说：南星的父亲是糊涂虫！

两个马来小姑娘的上学方法就又不同了：她们的是个马

来学校。她们是每天午前十一点钟才上学，而且到了学校，见过先生便再回家。听说：她们的学校里不是先生教学生，是学生教先生。她们所担任的课程是"吃饭"。到十一点钟，她们要不到学校去，给先生们出主意吃什么饭，先生们便无论如何想不出主意来，非一直饿到晚上不可！她们到了学校，见了先生，只要说："今天是咖喱饭和炒青菜。"说着，向先生一鞠躬。先生赶紧把这个菜单写在黑板上。等他写完，她们便再一鞠躬，然后手拉手儿回家去。小坡也颇想入这个学校，因为他可以教给马来先生们许多事情。但是父亲不知为何老藐视马来人，又不准小坡去！

两个小印度是在英文学校念书。学校里有中国小孩，印度小孩等等；还有白脸，高鼻子，蓝眼珠的美国教员，而且教员都是大姑娘。小坡时时想到：我要是换学校啊，一定先入这个英文学校。那里有各样的小孩，多么好玩；况且有白脸，高鼻子，蓝眼珠的教员，而且都是大姑娘！我要是在那里好好念书，先生一喜爱我，也许她们把仙坡请去当教员；仙坡虽然没长着蓝眼珠，但是她反正是姑娘啊！

两个小印度上学的方法也很有趣味：他们是上一天学，休息一天的，因为他们俩交一份儿学费，两个人倒换着上学。今天哥哥去，明天弟弟去。蓝眼珠的先生们认不清他们谁是谁，所以也不知道。到学期考试的时候，哥哥预备英文，弟弟就预备地理，你看这有多么省事！谁能把一大堆书都记住，就是先生们吧，不也是有的教国语，有的教唱歌吗？可见一个人不能什么都会不是？小印度们的办法真有道理，各人抱着一角儿，又省事，又记得清楚。小坡想：假如他披上他那件红绸子宝贝，变成印度，再叫妹子把脸涂黑，也颇可以学学小印度们，一对一天的上学。唉！不好办！父亲准不许他们这样办！一问父亲，父亲一定又说："广东人上广东学校，没有别的可说！"

小坡要是羡慕南星们呀，可是他真可怜三多。三多是完全不上学校，每天在家里跟着个戴大眼镜，长胡子，没有牙的糟老头子，念读写作，一天干到晚！没有唱歌，也没有体操！顶厉害的是：书上连一张图画没有，整篇整本密密匝匝的全是小黑字儿！也就是自己能打倒自己的三多，能忍受这个苦处；换个人哪，早一天喊五百多次"打倒"了！不错，三多比谁都认识的字多。但是他只认识书本上的字，一换地方，他便抓瞎了。比如你一问他街上的广告，铺户门匾上的字，他便低声说："这些字和书本上的不一样大，不敢说！"可怜的三多！

小坡虽然羡慕别人的学校，可是他并不是不爱他所入的学校。那里有二百多学生，男女都有。先生也有十来位，都能不看图就认识字。他们都很爱小坡，小坡也很爱他们。小坡尤其爱他本级的主任先生，因为这位先生说话声音宏亮，而且能在讲台上站着睡觉。他一睡，小坡便溜出去玩一会儿。他醒来大声一讲书，小坡便再溜进来，绝对的不相冲突。

六点半了，上学去！背上书袋，袋中除了纸墨笔砚之外，还塞着那块红绸子宝贝，以便随时变化形象。

拉着妹妹走出家门。

"先去看看南星，好不好？"

"好哇。"

绕过一条街，找到了南星。

"上学吗，小坡？"南星问。

"可不是。你呢？"

"我？还没到一号呢。"

"嗷！"小坡心中多么羡慕南星！"咱们找三多去吧？"

"别去啦！三多昨儿没背上书来，在门口儿罚站，脑袋晒得直流油儿。我偷偷的给他用香蕉叶子作了个帽子，好！被那个糟老头子看见了，拿起大烟袋，哪！给了我一下子！你看看，这个大包！"

果然，南星的头顶上有个大包，颜色介乎青紫之间！

"啊！"小坡很为南星抱不平，想了一会儿，说："南星，赶明儿咱们都约会好，去把那个糟老头子打倒，好不好？"

"他的烟袋长，长，长着呢！你还没走近他身前，他把烟袋一抡，哪！准打在你的头上！好，我不敢再去！"南星摸着头上的大包，颇有点"一朝被蛇咬，三年怕井绳"的神气。

"先去偷他的烟袋呀！"小坡说。

"不行！三多说过：老头子除了大烟袋，还有个手杖呢！老头子常念道：没有手杖不用打算教学！"

"手杖？"仙坡不明白。

"唉，手杖？"南星也不知道什么是手杖，只是听三多说惯了，所以老觉得"似乎"看见过这种名叫手杖的东西。——不敢说一定是什么样儿。

"什么是手杖呢？二哥！"仙坡问小坡。

小坡翻了翻眼珠："大概是个顶厉害的小狗，专咬人们的腿肚子！"

"那真可怕！"仙坡颤着声儿说。

小坡知道这个老头子有些不好惹,他只好说些别的:"咱们找小印度去,怎样?"

"已经上学了,刚才从这儿过去的。"南星回答。

"反正他们总有一个在家呀,他们不是一对一天轮着班上学吗?"小坡问。

"今天他们学校里开会,有点心,有冰吉凌吃。他们所以全去了。他们说:一个先进去吃,吃完了出来换第二个。这样来回替换,他们至少要换十来回!可惜,我的脸不黑;不然,我也和他们一块去了!点心,冰吉凌!哼!"南星此刻对于生命似乎颇抱悲观。

"冰吉凌!点心!"小坡,仙坡一齐舔着嘴唇说。

待了半天,小坡说:"去看看马来小姑娘们吧?"

"她们也上学了!"南星丧气颓声的说,似乎大家一上学,他简直成了个无依无靠的"小可怜儿"啦。

"也上学啦?这么早?我不信!"仙坡说。

"真的!我还背了她们一程呢!她们说:有一位先生今天早晨由床上掉下来了,不知道怎么再上去好,所以来传集学生们,大家想个好主意。"

"噢!"仙坡很替这位掉下床来而不知怎么再上去好的先生发愁。

"把床翻过来,盖在他身上,就不错;省得上床下床怪麻烦的,"小坡说,待了一会儿:"可是,那要看是什么床啦:藤床呢还可以,要是铁床可未免有点压的慌!"

"其实在地板上睡也不坏,可以不要床。"仙坡说。

"有这样的老师,真是好玩!我赶明儿告诉父亲,也把我送到马来学校去念书,"南星说。

"你要去，我也去。可是你得天天背着我上学！"仙坡说。

"可以！"南星很高兴仙坡这样重视他。

"好啦，南星，晚上见！我可得上学啦！"小坡说。

"早点回来呀！小坡！咱们还得打一回呀！"南星很诚恳的央求。

"一定！"小坡笑了笑，拉着妹妹把她送回家去。到了家门，哥哥已经走了，他忙着扯开大步，跑向学校去。

七　学校里

到了学校里，小坡的第一件事是和人家打起来了。假如你们知道小坡打架的宗旨，你们或者不至于说他是好勇斗狠，不爱和平了。小坡的打架，十回总有九回半是为维持公道，保护别人呀。尤其是小姑娘们，她们受了别人的欺侮，不去报告先生，总是来找小坡诉苦。小坡虽然还在低年级，可是一见不平的事儿，便勇往直前，不管敌人的胳臂比电线杆子还粗，也不管敌人的腿是铁打的还是铜铸的。打！没有别的可说！人们仗着胳臂粗，身量大，去欺侮人，好，跟他们拚命！

小坡到拚命的时候，确也十分厉害。双手齐抢，使敌人注意上部，其实目的是用脑袋撞敌人的肚子。自然哪，十回不见得有三四回恰好撞上；但是，设若撞上呀，哈！敌人在三天之内不用打算舒舒服服的吃香蕉了！

小坡的头是何等坚硬！你们还记得：他和妈妈上市买东西去，不是他永远把筐子，不论多么沉重，顶在头上吗？再说，闲着没事儿的时候，他还贴着墙根，两脚朝天，用脑袋站着，一站就是十来分钟。有经过这样训练的脑袋，再加以全身力量作后盾，不要说撞人呀，就是碰在老山羊头上，也得叫山羊害三天头疼！据被撞过的人说，只要小坡的脑门触上你的肚皮，得啦，你的肚皮便立刻贴在脊梁骨上去，不好受！

小坡对于比自己身量矮，力气弱的呢，根本不屑于这么费"脑力"——脑袋的力量，他只要手拍脑门然后一指敌人的肚子，敌人便没有别的办法，只好认罪赔情。

对于"个子"，力气差不多与小坡相等的，他也轻易不用脑袋；用拳头打胜岂不更光荣，也显着不占便宜啊。到底是小坡，什么事都讲公道！

还有一类小孩呢，好欺侮人，又不敢名正言顺的干，偷偷摸摸的占小便宜儿；被人指出过错来，不肯认罚；听人家跟他挑战，便赶紧抹着泪去见老师。小坡永远不跟这样的小鬼儿宣战，只是看见他们正在欺侮人的时候，过去就是一拳，打完再说。被打的当然去告诉先生，先生当然惩罚小坡。小坡一声不出，低头领受先生的罚办。他心里说：反正那一拳打得不轻！至少叫你三天之内不敢再欺侮人！

"操场的树后面见！"是正式挑战的口号。

这个口号包括着许多意思：操场东边有一排密匝匝的小山丹树，剪得整整齐齐的，有三尺多高。这排红花绿叶的短墙以后，还有块空地。有几株大树把这块地遮得绿荫荫的，又凉爽，又隐僻，正好作为战场。到这儿来比武的，目的在见个胜负，事前事后都不准去报告先生们的。打完了的时候，胜家便说："完了，对不起呀！"败将也随着说："完了，对不起呀！"假如不分胜负，同时倒在地上，便喊个一，二，三，一齐说："完了，对不起呀！"这样说，虽是打了架，而根本不伤和气。所以小坡虽常常照顾这块地方，可是并没和谁结下仇恨。

现在我们应当低点声儿说了！小坡，这样可爱的一个小孩儿，原来也有时候受贿赂，替人家打架。

"小坡，替我和王牛儿打一回吧！他管我父亲叫大洋狗！"一个小魔鬼手里握着五张香烟画儿。"打倒王牛儿，这全是你的，保管全是新的！"

小坡一劲儿摇头，可是眼睛盯着小魔鬼的手。

小魔鬼递过一张来。

小坡迟疑了一会儿，接过来了，舍不得再交还回去，果然是骨力硬整，崭新的香烟画！

"你先拿着那张，打赢了之后再给这四张！"小魔鬼张开手，不错，还有四张，看着特别的可爱。

"输赢总得给我?"小坡的灵魂已经被小魔鬼买了去！

"打输了哇？吹！打赢了？给！你常打胜仗，是不是?"小魔鬼的话说得甜美而带力量。

"好了，什么时候?"小坡完全降服了。

"下了第二堂，操场后面。"

"好吧，那儿见！"小坡把画儿郑重的收好，心中十分得意。

时间到了，大家来到大树底下。

打！哎呀，自己的脑袋没有热力贯着，一撞就撞了个空。拳头也只在空气中瞎抡，打不着人。敌人的拳头雨点般打来，打在身上分外的疼。而且好像拳拳打在小坡的良心上了！只觉得疼，鼓不起勇气来！心中越惭愧，手脚越发慌。每拳打在身上都似乎是说：要人家的洋画，不要脸！哪！……结果，被人家打倒在地！王牛儿得意扬扬的说："完了，对不起呀！"小坡含羞带愧的说："完了，对不起呀！"

呸！呸！呸！——小魔鬼的声音！

以后再也不这样干了，多么丢脸！为争公道的时候，打得多么有力气，打输打赢都是光荣的；为几张香烟画打的时候，头和豆腐一样软，而且心里何等的难过！况且事后一打听，原来是小魔鬼先说：王牛儿的姐姐长得像只小老鼠，王牛儿才反口说他父亲像大洋狗。

"小坡！"后来又有一个小魔鬼捧着一把各色的花蛤壳："你和李三羊打，"

小坡没等他说完，手遮着眼睛就跑开了。

我们往回说吧。小坡进了校门正问看门的老印度，在新年的时候吃了什么好东西，听了什么好笑话。背后来了个小妞儿，拉了他一把。回头一看，原来是同班的小英。她满脸是泪，连脑门上都是泪珠，不晓得她怎么会叫眼泪往上流。

"怎么了？小英！"

小英还是不住的抽搭，嘴唇张了几次，吃进去许多大咸泪珠，可是说不出话来。

"怎么了，小英；别哭，吃多了眼泪可就吃不下饭去了！"小坡常见妹妹仙坡闹脾气哭喊的时候，便吃不下饭去，所以知道吃眼泪是有碍于饮食的。

小英果然停住哭声,似乎是怕吃不了饭。她委委屈屈的说:"他打我!"

"谁?"小坡问,心中很替小英难过。

"张秃子!打我这儿!"小英的手在空中随便指了一指。

小坡看了看小英的身上,并没有被打的痕迹。或者张秃子打人是不留痕迹的,也未可知。反正小英的眼泪是真的,一定是受了委屈。

"他还抢去一只小船,张秃子!"小英说。

小坡有点发糊涂:还是那只小船叫张秃子呢?还是张秃子抢去小船?

"小船?"他问。

"纸折的小船,张秃子!"

小坡决定了:这一定是张秃子(人),抢去张秃子(小船)。

"你去告诉了先生没有?"

"没有!"这时小英的泪已干了,可是用小指头在眼睛上抹了两个黑圈。

"好啦,小英,我去找张秃子把小船要回来。"小坡说着,撩起老印度的裙子给小英擦了擦脸。老印度因为开学,刚换上一条新裙子,瞪了小坡一眼。

"要回小船还不行!"小英说。

"怎么?"

"你得打他!他打了我这儿,张秃子!"小英的手指又在空中指了一指。

"小英,他要是认错儿,就不用打他了。"小坡的态度很和平。

"非打他不可！张秃子！"

小姑娘们真不好惹！小坡还记得：有一回妹妹仙坡说，拉车的老牛故意瞪了她一眼，非叫他去打牛不可。你说，万一老牛真有意打架，还有小坡的好处吗？经过长时间的辩论，不行，妹妹是"一把儿死拿"，一点儿不退步。最后小坡急中生智，在石板上画了只老牛，叫妹妹自己去打，算是把这斗牛的危险躲过去了。

"好啦，小英，咱们先上教室去吧。"

小英和小坡刚进了讲堂，迎面正好遇见张秃子。张秃子一看小坡拉着小英的手，早明白了其中的故典儿，没等小坡开口，他便说了：

"操场的树后面见哪，小坡！"

"什么时候？"小坡问。

"现在就走！你敢不敢？"张秃子的话有些刺耳。

"你先去，等我把衣裳脱了。"小坡穿着雪白的新制服，不敢弄脏。脱了上身，挂在椅子上，然后从书袋中掏出红绸宝贝，围在腰间，既壮威风，又省得脏了裤子。

"小英，你看我一围上这个宝贝，立刻就比张秃子还高了许多，是不是？"

"真的！"小英一看小坡预备到战场去，拍着两只小手，连话也说不出了。

大树底下，除张秃子与小坡之外，还有几个参观的，都穿着新制服，坐在地上看热闹。

由树叶透进的阳光，斑斑点点射在张秃子的秃头上，好像个带斑点的倭瓜，黄腊腊儿的带着些绿影儿。张秃子虽然头发不多，力气可是不小。论他的身量，也比小坡高好些；

胳臂腿儿也全筋是筋,骨是骨的,有把子笨劲。

可是小坡一点没把这个倭瓜脑袋的混小子放在心里。他手插在腰间,说:

"张秃子,赶快把小英的小船交回去!再待一会儿,可就太晚了!"

张秃子把那只小纸船放在树根下的青苔上,然后紧了紧裤带,又摸了摸秃脑袋,又咽了口气,又舔了舔嘴唇,又指了指青苔上的小纸船,又看了看旁边坐着的参观者,又捏了捏鼻子,这才说:

"打呀!不用费话,你打胜,小船是小英的;你打败,小船归我啦!"

张秃子不但态度强横,对于作战也似乎很有把握。把脚一跺,秃头一晃,吼了一声,就扑上来了。

一看来得厉害,小坡算计好,非用脑袋不足以取胜。他架开敌人的双手,由尾巴骨起,直至头顶,联成一气,照着张秃子的肚子顶了去。张秃子也是久经大敌的手儿,早知小坡的"撞羊头"驰名远近,他赶快一吸气,把肚子缩回,跟着便向旁边一偏身,把小坡的头让过去。

小坡每逢一用脑袋,便只用眼睛看着敌人脚步移动,把脖子,脊梁一概牺牲。他见张秃子的脚挪到旁边去了,心中说:"好,捶咱脊背!"果然,啷当啷当啷,背上着了拳,胸中和口腔里还似乎有些回响。张秃子打人有这样好处:捶人的时候老有声有韵的,啷当啷当啷,五声一顿,不多不少,怪有意思的。

小坡赶快往后退,拉好了尺寸,两手虚晃,头又顶上前去。喝!张秃子的脚又挪开了,头又撞着了空气!啷当啷当哪，背上又挨了五拳。哎呀，脖子上也哪当开了。只好低着头听响儿，一抬头非叫敌人兜着脖子打倒不可。得换些招数了：不往后退，往前死攻，抱住张秃子的腿，给他个短距离的碎撞。好容易得着敌人的胖腿，自己的背上不知哪当了多少次了，牺牲不小！不管，自要抱住他的腿，就有办法了。唉！还是不好，距离太近，撞不上劲来，而背上的哪当哪当哪更响亮了。

"小坡要完！小坡要完！"参观人这样乱说。

小坡有点发急了！

急中生智，忽然放了张秃子的腿，"急溜的"一下，往敌人背后转去。张秃子正扬着头儿搋得有趣，忽然搋空一拳，一低头，唉！小坡没有了。忙着转身，身儿刚转好，哪！肚子好像撞在个大皮球上，可是比皮球还硬一些。"啊！小坡的脑袋！"想起小坡的脑袋来，心中当时失了主心骨儿。两手不往前抢，搁在头上，好像要想什么哲学问题。肚子完全鼓出去，似乎说：来，再撞，果然，哪！我要倒下，他心里想。果然，不幸而言中，晃晃悠悠，晃晃悠悠，脚不触地，向后飞去，耳旁忽忽的颇有风声。咯喳！秃脑瓜扎进山丹树叶里面去了。

"完了，对不起呀！"小坡一手摸着脑门，一手搓着脖子说。

"完了，对不起呀！"张秃子的嘴在一朵大红山丹花下面说。

参观的过来，把张秃子从树叶里拉出来。张秃子捧着肚子说："可惜，这些山丹花不很香，不很香！"

小坡从树根下捡起那只小船，绕过山丹树，到操场来找小英。她正在矮树旁边等着呢。

"哟！小坡！小坡！我都听见了！你唪唪唪的打张秃子，真解恨！解恨！"小英跺着脚说。

"这是你的小船，小英。好好的拿着，别再叫别人抢去！"他把小船交给小英，心里说："唪唪唪的打张秃子，那敢情好！打张秃子，我脊背上可直发烧！"

"可是有一样，张秃子以后也许不敢再欺侮小姑娘了！"小坡自言自语的往教室里走。"你捶的痛快呀，我顶得也不含糊！"

八　逃　学

先生正教算术，一手提着教鞭，一手捏着粉笔，很快的在黑板上画了两个"7"，然后嗽了一声，用教鞭连敲黑板，大声喊道：

"小英！七七是多少？说！"

小英立起来，两腿似乎要打嘀溜转，低头看桌上放着的小纸船，半天没言语。

"说！"先生又打了个霹雳。

小英眼睛慢慢往左右了，希望同学们给她打个手势；大家全低着头似乎想什么重大的问题。

"说！"先生的教鞭在桌上拍拍连敲。

张秃子在背后低声的说："七七是两个七。"

小英还是低着头，说："七七是两个七。"

"什么？"先生好似没有听见。

"七七是两个七。"小英说，说完，腿一软，便坐下了。坐下又补了一句："张秃子说的！"

"啊？张秃子？"先生正想不起怎办好，听说张秃子，也就登时想起张秃子来了，于是："张秃子！七七是多少！说！快说！"

"不用问我，最讨厌'7'的模样，一横一拐的不像个东西！"张秃子理直气壮的说。

先生看了看黑板上的"7"，果然是不十分体面。

小坡给张秃子拍掌，拍得很响。

"谁拍掌呢？谁？"先生瞪着眼，教鞭连敲桌子。

大家都爱小坡，没有人给他泄漏。可是小坡自己站起来了："我鼓掌来着。先——！"他向来不叫"先生"，只是把"先"字拉长一点。

"你？为什么？"先生喊。

"'7'是真不好看吗！'8'字有多么美：又像一对小环，又像一个小葫芦，又像两个小糖球黏到了一块儿。"

小坡还没说完，大家齐喊：

"我们爱吃糖球！"

"七七是多少，我问你！"先生用力过猛，把教鞭敲断了一节儿。

"没告诉你吗，先——！'7'字不顺眼，说不上来。二八一十六，四八四十八，五八——"

"我问你七七是多少，谁叫你说八！"先生一着急，捏起个粉笔头儿，扔在嘴里，咬了咬，吃下去了。吃完粉笔头，赌气子坐在讲桌上，不住的叨唠："不教了！不教了！气死！

气死!"

"二八一十六,四八四十八,五八——"小坡继续着念。

大家唏里哗啦,一齐在石板上画"8"。

小坡画了个大"8",然后把石板横过来,给大家看:"对了,'8'字横着看,还可以当眼镜儿。"

大家忙着全把石板横过来,举在面前,"真像眼镜!"

"戴上眼镜更看不真了!"张秃子把画着"8"的石板放在鼻子前面。

"'9'也很好玩,一翻儿就变成'6'。"小坡在石板上画了个"9",然后把石板倒拿:"变!是'6'不是?"

大家全赶快画"9",赶快翻石板,一声呐喊:"变!"有几个太慌了,把石板哗嚓嚓摔在桌子上。

先生没有管他们,立起来,又吃了一个粉笔头。嘴儿动着,背靠黑板,慢慢的睡去。

大家一看,全站起来,把眼闭上。有的居然站着睡去,有的闭着眼慢慢坐下,趴在桌上睡。张秃子不肯睡。依旧睁着眼睛,可是忽然很响的打起呼来。

小坡站了一会儿,轻手蹑脚的往外走。一边走,一边叨唠:

"大家爱'8',你偏问'7',不知好歹!找你妈去,叫她打你一顿!"

小坡本来是很爱先生的,可是他们的意见老不相合;他爱"8",先生偏问"7";他要唱歌,先生偏教国语。谁也没法儿给他们调停调停,真糟!

走到校外,小坡把这算术问题完全忘掉。心中算计着,干什么去好呢。想不出主意来,好吧,顺着大街走吧,走到那儿算那儿。

一边走,一边手脚"不识闲儿",地上有什么果子皮,烂纸,全像踢足球似的踢到水沟里去!恐怕叫小脚儿老太太踩上,跌个脚朝天。有的时候也试用脚指夹地上的小泥块什么的。近来脚指练得颇灵动;可惜脚指太短了一些,不然颇可以用脚拿筷子吃饭。洋货店门外挂着的皮球也十分可爱,用手杵了一下,球儿左右摆动了半天,很像学校大钟的钟摆。假如把皮球当钟摆多么好,随时拿下来踢一回,踢完再挂上去,岂不是"一搭两用"吗。钟里为什么要摆呢?不明白!不用问先生去,一问他钟摆是干什么的,他一定说:七七是多少?哎呀,还有小乒乓球,洋娃娃,口琴儿等等!可惜都在玻璃柜里,不能摸一摸;只好趴在玻璃盖儿上看着,嘴中叨唠:有钱的时候,买这个口琴!不,还是乒乓球好,没事儿和妹妹打一回,准把妹妹赢了;可是也不要赢太多了,妹妹脸皮儿薄,输多了就哭。还是长大了开个洋货店吧!什么东西都有:小球儿,各种的小球儿;口琴儿,一大堆;粉笔,各种颜色的;油条,炸得又焦又长;可是全不卖,自己和妹妹整天拿着玩,这够多么有趣;也许把南星找来一块儿玩耍;南星啊,一定光吃油条,不干别的!

旁边的鸡鸭店挂着许多板鸭,小烧猪,腊肠儿,唉,不要去摸,把烧猪摸脏了,人家还怎么吃!"小坡到处讲公德,是不是?"他自己问自己。"公德两个字怎么写来着?"……"又忘了!"……"想起来了!"……"哼,又忘了!"

慢慢的走到大马路。有一家茶叶铺是小坡最喜爱的。小徒弟们在柜台前挑拣茶叶,东一筐箩,西一竹篓,清香的非常好闻。玻璃柜中的茶叶筒儿也很美丽,方的,圆的,六棱儿的，都贴着很花俏的纸，纸上还画着花儿和小人什么的。小坡每逢走到这里，一定至少要站十来分钟。

这个还有点奇怪的地方，每逢看见这个茶叶店，便想起：啊，哥哥大坡一定是在这里被妈妈捡去的！这条大街处处有水沟，不知道为何只有此处像是捡哥哥的地方。他往水沟里看了看，也许又有个小孩在那里躺着。没有，可是有个小青蛙，团着身儿不知干什么玩呢。"啊，大概哥哥也是小青蛙变的！小蛙，上这儿来，我带你看妈妈去！"小坡蹲在沟边上向小蛙点头。来了一股清水，把小青蛙冲走了，可惜！

咚，咚，咚，咚，由远处来了一阵鼓声。啊！不是娶新娘，便是送殡的！顶好是送殡的，那才热闹！小坡伸着脖子往远处看，心中噗咚噗咚的直跳，唯恐不是送葬的。而且就是出殡，也还不行；因为送殡的有时完全用汽车，忽——，一展眼儿就跑过去，有什么好看！小坡要看的是前有旗伞执事，后有大家用白布条拉着的汽车，那才有意思。况且没有旗伞的出殡的，人们全哭得红眼妈似的，看着怪难过。有旗伞执事在街上慢慢走的呢，人人嘻皮笑脸的，好似天下最可乐的事就是把死人抬着满街走。那才有意思！

"哎呀，好天爷！千万来个有旗伞执事的！"小坡还伸着脖子，心中这样祷告。

咚，咚，咚，咚，不是一班乐队呀，还有"七擦"，"七擦"的中国吹鼓手呢！这半天还不过来，一定是慢慢走的！

等不得了，往前迎上去。小坡疯了似的，撒腿就跑，一气跑出很远。

可了不得，看，那个大开路鬼哟！一丈多高，血红的大脸，眼珠儿有肉包子大小，还会乱动！大黑胡子，金甲红袍，脚上还带着小轮子！一帮小孩子全穿着绿绸衣裤，头戴蛤壳形的草帽，拉着这位会出风头，而不会走路的开路鬼。小坡看着这群孩子，他嘴里直出水，哈！我也去拉着那个大鬼，多么有趣哟！

开路鬼后面，一排极瘦极脏的人们，都扛着大纸灯，灯上罩着一层黄麻。小坡很替这群瘦人难过，看那个瘦老头子，眼看着就被大灯给压倒了！

这群瘦灯鬼后面是一辆汽车，上面坐着几个人，有的吹唢呐，有的打铜锣，有的打鼓。吹唢呐的，腮梆儿凸起，像个油光光的葫芦。打锣的把身子探在车外，一边笑，一边当当的连敲，非常得意。小坡恨不得一下子跳上车去，当当的打一阵铜锣！

汽车后面又是一大群人，一人扛着一块绸子，有的浅粉，有的淡黄，有的深蓝，有的葱心儿绿，上面都安着金字，或是黑绒剪的字。还有一些长白绸子条，上面的字更多。小坡想不出这都是干什么的，而且一点"看头儿"也没有。把大块很好的绸子满街上摆着，糟蹋东西！拿几块黑板写上几个"7"，或是画上两只小兔，岂不比这个省钱！小坡替人家想主意。也别说，大概这许是绸缎店的广告队？对了，电影院，香烟庄都时常找些人，背着广告满街走，难道不许人家绸缎铺也这么办吗！小坡你糊涂！小坡颇后悔他的黑板代替绸子的计划。

啊，好了！绸子队过去了！又是一车奏乐的，全是印度人。他们是一律白衣白裙，身上斜披大红带，带子上有些绣金的中国字。小坡认不清那是什么字，过去问老印度。老印度摇头,大概也不认识。

"不认识字,你们倒是吹喇叭呀!"小坡说。

印度们不理他,只抱着洋喇叭洋号,仰头看着天。

汽车后面有一个打白旗的,襟上带着一朵花儿,一个小红缎条,小坡不知道这个人又是干什么的。只见他每一举旗的时候,前面的绸子队便把绸子扛得直溜一点,好像大家的眼睛全往后瞭着他似的。有的时候,他还骂街,骂得很花哨,前面的绸子队也不敢还言。小坡心里说,这个人一定是绸缎庄的老板,不然,他怎么这样威风呢。

后面又是一辆没篷的汽车,车里坐着个老和尚,闭着眼一动也不动。小坡心里说:"这必定是那位死人了!"继而一看,这位老和尚的手儿一抬,往嘴送了一牙橘子。小坡明白了,这不是死人,不过装死罢了。他走过去把住车沿,问:"橘子酸不酸呀?"老和尚依然一动也不动。小坡没留神,车前面原来还有两个小和尚呢。他们都是光头未戴帽,脑袋晒得花花的流油。他们手打问心,齐声"呸"了小坡一口。小坡瞪了他一眼,说:

"操场后面见!"

小和尚们不懂,依旧打着问心,脑袋上花花的往下流油。

这辆后边,还有一车和尚,都戴黑僧帽,穿着蓝法衣,可是法衣上有许多口袋,和洋服一样。他们都嘟囔着,好像是背书。小坡想出来了:前面的老和尚一定是先生,闭着眼听他们背书。不知道背错了挨打不挨?

这车背书的和尚后面,又有一辆大汽车,拉着一大堆芭蕉扇儿,和几桶冰水,还有些大小纸包,大概是点心之类。

两个戴着比雨伞还大的草帽的,挑着水桶,到车旁来灌水,然后挑去给人们喝。小坡过去,欠着脚看了看车中的东西。"喝!还有那么些瓶子柠檬水呢!"

"拿一把!"驶车的说。

小坡看前后没人,当然这是对他说了,于是拿了一把芭蕉扇,遮着脑袋。还跟着车走,两个挑水的又回来灌水,小坡搭讪着喝了碗冰水,他们也没向他要钱。哼,舒服多了,冰水喝了,头上还有芭蕉扇遮去阳光,这倒不坏!天天遇见送葬的,岂不天天可以白喝冰水?哼!也许来瓶柠檬水呢!还跟着车走,希望驶车的再说:"拿一把!"岂不可以再拿一把芭蕉扇,给妹妹拿回去。可是驶车的不再言语了。后面咚咚的打起鼓来,不得已,只好退到路旁,去看后面还有什么好玩的事儿。

喝!又是一车印度,全是白衣,红裙,大花包头。不得了,还有一车呢;不得了,还有一车呢!三车印度一齐吹打起来,可是你吹你的,我打我的,谁也不管谁,很热闹,真的;但是无论如何不像音乐。

小坡过去,乘着打鼓的没留神,用拳头捶了鼓皮一下,捶得很响。打鼓的印度也不管,因为三队齐吹,谁也听不出错儿来。小坡细一看,哈!有两个印度只举着喇叭,在嘴上比画着,可是不吹。小坡过去戳了他们的脚心一下,两人机灵的一下子,全赶快吹起来。小坡很得意,这一戳会这么有灵验。

三车印度之后,有两排穿黄绸衣裤的小孩,一人拿着个纸人儿。纸人的衣裳很漂亮,可惜脸上太白,而且脑袋全左右前后乱转。小坡也试着转,哼,怎么也把脸转不到后面去；用手使力搬着，也不行！算了吧，把脸转到后面去，万一转不回来，走路的时候可有点麻烦！

纸人队后面，更有趣了，一群小孩头上套着大鬼脸，一路乱跳！有一个跳着跳着，没留神，踩上一块香蕉皮，大爬虎似的倒在地上，把鬼脸的鼻子摔下一块去。哎，戴鬼脸到底有好处，省得摔自己的鼻子！

又是辆大汽车，上边扎起一座松亭。亭上挂满了花圈，有的用鲜花作的，有的用纸花作的。小坡纳闷：这些圈儿是干什么的呢？花圈中间，有一张大像片，是个乌漆巴黑的瘪嘴老太太。小坡又不明白了：这张像片和出葬有什么关系呢？摆出来叫大家看？一点不好看哪！不明白，死人的事儿反正与活人不同，不用管，看着吧！

啊哈！更有趣了！七八十，至少七八十人，都是黑衣黑裤，光着脚。一人手中一条白布带，拉着一辆老大老大的汽车。一个老印度驶车，可是这群人假装往前拉。小坡笑起来了：假如老印度一犯坏主意，往前忽然一赶车，这群黑衣人岂不一串跌下去，正像那天我们开火车玩，跌在花园中一样？那多么有趣！小坡跺着脚，向老印度打手势，低声而恳切的说："开呀！往前开呀！"老印度偏不使劲开。"这个老黑鸟！糊涂！不懂得事！"

车上扎着一座彩亭，亭中放着一个长方的东西，盖着红绸子，看不出到底是什么。亭上还站着一对小孩，穿着彩衣，可是光着头，晒得已经半死了。小坡心里说：大概这两个小孩就是死人，虽然还没死，可是等走到野外，也就差不多了！多么可怜！

车后面有四五个穿麻衣，麻帽，麻鞋的，全假装往前推着汽车。他们全低着头，可是确是彼此谈笑着，好像这样推车走很好玩似的。他们的麻衣和林老板的夏布大衫一样长，可是里边都是白帆布洋服。有一个年纪青的，还系着根红领带，从麻衣的圆大领上露出来。

这群人后面，汽车马车可多了！一辆跟着一辆，一辆跟着一辆，简直的没有完啦！车中都坐着大姑娘，小媳妇，老太太，小妞儿，有的穿麻衣，有的穿西装，有的梳高髻，有的剪着发，有的红着眼圈，有的说说笑笑，有的吸着香烟，有的吃着瓜子，小妞儿是一律吃着洋糖，水果，路上都扔满了果皮！喝！好不热闹！

小坡跟着走，忽然跑到前面看印度吹喇叭，忽然跑到后边看小孩儿们跳鬼。越看越爱看，简直的舍不得回学校了！回去吧？再看一会儿！该回去了？可是老印度又奏起乐来！

走着走着，心中一动！快到小坡了！哎呀，万一叫父亲看见，那还了得！父亲一定在国货店门外看热闹，一定！快往回跑吧！等等，等他们都走过去，"再向后转走！"拿着芭蕉扇立在路旁，等一队一队都走过去，他才一步一回头的往回走。

"到底没看见死人在那儿装着！"他低着头想："不能藏在乐队的车上！也不是那个老和尚！在那儿呢？也许藏在开路大鬼的身里？说不清！"

"无论怎样吧，出殡的比什么都热闹好玩。回家找南星们去，跟他们作出殡玩，真不错！"

九　海岸上

设若有人说,小坡是个逃学鬼儿,我便替小坡不答应他!什么?逃学鬼儿?哼,你以为小坡不懂得用功吗?小坡每逢到考试的时候,总考得很好咧!再说,就是他逃学的时候,他也没作坏事呀!就拿他看殡说吧,他往学校走的时候,便作了件别个小孩子不肯作的好事。那是这么一档子事:他不是正顺着大马路走吗,唉,一眼看见个老太太,提着一筐子东西,累得满头是汗,吁吁带喘。小坡一看,登时走过去,没说什么,抢过筐子便顶在头上了。

"在哪儿住哇,老太太?"

老太太一看小坡的样儿,便知道他是个善心的孩子,喘着说:

"广东学校旁边。"

"好啦,跟着我走吧,老太太!"小坡顶着筐子,不用手扶,专凭脖子的微动,保持筐子的平稳。两脚吧唧吧唧的慢慢走,因为老太太走道儿吃力,所以他不敢快走。

把老太太领到家门口——正在学校的旁边,——小坡把筐子拿下来,交给老太太。

"我怎么谢谢你呢?"老太太心中很不过意:"给你两个铜子买糖吃?还是给你一包瓜子儿?"老太太的筐中有好几包瓜子。

小坡手,脚,脑袋一齐摇,表示决定不要。老太太是很爱他,非给他点东西不可。

"这么办吧,老太太!"小坡想了一会儿,说:"不用给我东西,赶明儿我不留心把衣裳弄脏了的时候,我来请你给收拾收拾,省得回家招妈妈生气,好不好?你要是上街买东西,看见了我,便叫我一声,我好替你拿着筐子。我叫小坡,是妈妈由小坡的电线杆旁边捡来的。妹妹叫仙坡,是白胡子老仙送给妈妈的。南星很有力量,张秃子也很厉害,可是他们都怕我的脑袋!"小坡拍了拍脑门:"妈妈说,我的头能顶一千多斤!我的脑袋不怕别的,就怕三多家中糟老头子的大烟袋锅子!南星头上还肿着呢!"

"哎!哎!够了!够了!"老太太笑着说:"我的记性不好,记不住这么些事。"

"不认识南星?老太太!"小坡问。

老太太摇了摇头,然后说:"你叫小坡,是不是?好,我记住了。你去吧,小坡,谢谢你!"

小坡向老太太鞠躬,过于慌了,脑袋差点碰在墙上。

"老太太不认识南星,真奇怪!"小坡向学校里走。

到了学校,先生正教国语教科书的一课——轮船。

看见小坡进来,先生假装没看见他。等他坐好,先生才问:

"小坡,上哪儿啦?"

"帮着老太太拿东西来着,她怪可怜的,拿着满满的一筐子东西!她要给我一包瓜子儿,我也没要!"

"你不爱吃瓜子,为什么不给我带来?"张秃子说。

"少说话,张秃子!"先生喊。

"坏秃子！张秃子！"小英还怀恨着张秃子呢。

"不准出声，小英！"先生喊，教鞭连敲讲桌。

"听着先生一个人嚷！"大家一齐说。

"气死！哎呀，气死！"先生不住摇头，又吃了个粉笔头儿。吃完，似乎又要睡去。

"小英，先生讲什么呢？"小坡问。

"轮船。张秃子！"小英始终没忘了张秃子。

"轮船在那儿呢？"小坡问。

"书上呢。张秃子！"

小坡忙掀开书本，哎！只有一片黑字儿，连个轮船图也没有。他心里说，讲轮船不到码头去看，真有点傻！

"先——！我到码头上看看轮船去吧！"小坡向先生要求。

"先生——！我也去！"张秃子说。

"我也跟小坡去！不许张秃子去！"小英说。

"先生——！你带我们大家去吧！"大家一齐喊。

先生不住的摇头："气死！气死！"

"海岸上好玩呀，先——！"小坡央告。

"气死！"先生差不多要哭了。

"先生，那里轮船很多呀！走哇！先生！"大家一齐央告。

"不准张秃子去呀，先生！"小英说。

"下午习字课不上了，谁爱看轮船去谁去！哎呀，气死！现在好好的听讲！"先生说。

大家看先生这样和善，允许他们到海岸去，立刻全一声不发，安心听讲。

你们看小坡！喝！眉毛拧在一块儿，眼睛盯着书本，像两把小锥子，似乎要把教科书钻两个窟窿。鼻子也抽抽着一块，好像钞票上的花纹。嘴儿并得很严，上下牙咬着动，腮上微微的随着动。两耳好似挂着条橡皮筒儿，专接受先生的话，不听别的。一手按着书角，一手不知不觉的有时在鼻下搓一阵，有时往下撕几根眉毛，有时在空中写个字。两脚的十指在地上抓住，好像唯恐地板跑了似的。喝！可了不得！这样一用心，好像在头的旁边又长出个新脑袋来。旧头中的南星，三多，送殡，等等事故儿，在新头中全没有地位；新头中只有字，画，书。没有别的。这个新头一出来，心中便咚咚的跳：唯恐听不清先生的话，唯恐记不牢书上的字。这样提心吊胆的，直到听见下堂的铃声，这个新头才哪的一下，和旧头联成一气，然后跳着到操场去玩耍。

下课回家吃饭。吃完，赶快又跑回学校来，腮上还挂着一个白米粒儿。同学们还都没回来，他自己找先生去：

"先——，我到码头看轮船去了！"

"去吧，小坡！早点回来，别误了上第二堂！"

"听见了，先——！"小坡笑着跑出来。

码头离学校不远，一会儿就跑到了。喝！真是好看！

海水真好看哪！你看，远处是深蓝色的，平，远，远，远，一直到一列小山的脚下，才卷起几道银线儿来，那一列小山儿是深绿的，可是当太阳被浮云遮住的时候，它们便微微挂上一层紫色，下面绿，峰上微红，正像一片绿叶托着几个小玫瑰花菁葵。同时，山下的蓝水也罩上些玫瑰色儿，油汪汪的，紫溶溶的，把小船上的白帆也弄得有点发红，好像小姑娘害羞时的脸蛋儿。

稍近，阳光由浮云的边上射出一把儿来，把海水照得碧绿，比新出来的柳叶还娇，还嫩，还光滑。小风儿吹过，这片娇绿便摺起几道细碎而可怜儿的小白花。

再近一点，绿色更浅了，微微露出黄色来。

远处，忽然深蓝，忽然浅紫；近处，一块儿嫩绿，一块儿娇黄；随着太阳与浮云的玩弄，换着颜色儿。世上可还有这样好看的东西！

小燕儿们由浅绿的地方，飞，飞，飞，飞到深蓝的地方去，在山前变成几个小黑点儿，在空中舞弄着。

小白鸥儿们东飞一翅，西张一眼；又忽然停在空中，好像盘算着什么事儿；又忽然一抿翅儿，往下一扎，从绿水上抓起一块带颜色的东西，不知道是什么。

离岸近的地方，水还有点绿色；可是不细看，它是一片油糊糊的浅灰，小船儿来了，挤起一片浪来，打到堤下的黄石上，溅起许多白珠儿。哗啦哗啦的响声也很好听。

渔船全挂着帆，一个跟着一个，往山外边摇，慢慢浮到山口外的大蓝镜面上去。

近处的绿水上，一排排的大木船下着锚，桅杆很高，齐齐的排好，好似一排军人举着长枪。还有几排更小的船儿，一个挨着一个，舱背圆圆的，好像联成一气的许多小骆驼桥儿，又好像一群弯着腰儿的大黑猫。

小轮船儿，有的杏黄色，有的浅蓝色，有的全黑，有的杂色，东一只西一艘的停在那里。有的正上货，哗啦，——哗啦，哗，——鹤颈机发出很脆亮的响声。近处，哗啦，哗啦，哗——；远处，似乎由小山那边来的，也哗啦，哗啦，哗——，但是声音很微细。船上有挂着一面旗的，有飘着一串各色旗的。烟筒上全冒着烟,有的黑嘟嘟的,有的只是一些白气。

另有些小船,满载着东西,向大船那边摇。船上摇桨的有裹红头巾的印度,有戴大竹笠的中国人。还有些小摩托船嘟嘟的东来西往,好像些"无事忙"。

船太多了!大的小的,高的矮的,丑的俊的,长的短的。然而海中并不显出狭窄的样儿,全自自然然的停着,或是从容的开着,好像船越多海也越往大了涨。声音也很多,笛声,轮声,起重机声,人声,水声;然而并不觉得嘈杂刺耳;好似这片声音都被平静的海水给吸收了去,无论怎么吵也吵不乱大海的庄严静寂。

小坡立在岸上看了一会儿。虽然这是他常见的景物,可是再叫他看一千回,一万回,他也看不腻。每回来到此处,他总想算一算船的数目,可是没有一回算清过。一,二,三,四,五,……五十。哼,数乱了!再数:一五,一十,十五,十五加五是多少?不这样干了,用八来算吧!一八,二八十六,四八四十八,五八——!嗐!一辈子也记不清五八是多少!就算五八是一百吧,一百?光那些小船就得比一百还多!没法算!

有一回,父亲带他坐了个小摩托船,绕了新加坡一圈儿。小坡总以为这些大船小船也都是绕新加坡一周的,不然,这里那能老有这么多船呢;一定是早晨开船,绕着新加坡走,到晚上就又回到原处。所以他和南星商议过多少次,才决定了:

"火车是跑直线的,轮船是绕圈儿的。"

"我要是能跳上一只小船去,然后,咻!再跳到一只大船上去,在船上玩半天儿,多么好!"小坡心里说。说完,在海岸上,手向后伸,腿儿躬起,味!跳出老远。"行了,只要我能进了码头的大门,然后,味!一定能跳上船去!一定!"他念念道道的往码头大门走。走到门口,小坡假装看着别处,嘴里哼唧的,"满不在乎"似的往里走。

哼!眼前挡住只大黑毛手!小坡也没看手的主人,——准知道是印度巡警!——大拇脚指头一捻,便转过身来,对自己说:"本不想进去吗!这边船小,咱到那边看大的去!"他沿着海岸走,想到大码头去:"不近哪,来,跑!"心里一想,脚上便加了劲,一直跑到大码头那边。

哼!一,二,三,四,那么些个大门全有巡警把着!

他背着手儿,低着头,来回走了几趟。偷眼一看,哼!巡警都看着他呢。

来了个马来人,头上顶着一筐子"红毛丹"和香蕉什么的。小坡知道马来人是很懒的,于是走过去,给他行了个举手礼,说:"我替你拿着筐子吧?先生!"

马来人的嘴,裂开一点,露出几个极白的牙来。没说什么,把筐子放在小坡的头上。小坡得意扬扬,脚抬得很高,走进大门。小坡也不知为什么,这样白替人作工,总觉得分外的甜美有趣。

喝!好热闹!卖东西的真不少:穿红裙的小印度,顶着各样颜色很漂亮的果子。戴小黑盔儿的阿拉伯人提着小钱口袋,见人便问"换钱"?马来人有的抱着几匣吕宋烟,有的提着几个大榴莲。地上还有些小摊儿,玩艺儿,牙刷牙膏,花生米,大花丝巾,小铜钮子……五光十色的很花哨。

小坡把筐子放下。马来人把"红毛丹"什么的都摆在地上，在旁边一蹲，也不吆喝，也不张罗，好似卖不卖没什么关系。

小坡细细的把地上的东西看了一番，他最爱一个马来人摆着的一对大花蛤壳儿。有两本邮票也很好玩，但是比蛤壳差多了。他心里说：假如这些东西可以白拿，我一定拿那一对又有花点，又有小齿，又有弯弯扭扭的小兜的蛤壳！可惜，这些东西不能白拿！等着吧，等长大了有钱，买十对八对的！几儿才可以长大呢？……

啊！到底是这里，轮船有多么大呀！都是长，长，长的大三层楼似的玩艺儿！看烟筒吧，比老树还粗，比小塔儿还高！

一，二，三，四，……又数不过来了！

看靠岸这只吧！人们上来下去，前后的起重机全哗啦啦的响着，船旁的小圆窟窿还哗哗的往外流水，真好玩！哎呀，怎能上去看看呢？小坡想了一会儿，回去问那个马来人："我拿些'红毛丹'上船里卖去，好不好？"

马来人摇了摇头。

小坡叹了口气，回到大船的跳板旁边去等机会。

跳板旁有两个人把着。这真难办了！等着，只好等着！

不大一会儿，两个人中走去了一个。小坡的黑眼珠里似乎开了两朵小花，心里说："有希望！"慢慢往前凑合，手摸着铁栏杆，嘴中哼唧着。那个人看了他一眼，他手摸着铁栏，口中哼唧着，又往回走；走了几步，又往前凑。又假装扶在铁栏上，往下看海水：喝，还有小鱼呢！又假装抬起头来看船：哼，大船一身都是眼睛，可笑！——他管舱房的小圆窗叫眼睛。他斜着眼看了看那个人，哼！纹丝儿不动，在那里站着,好像就是给他一百个橘子,他也不肯躲开那里!小坡真急了!非上去看看不可!

地上有块橘子皮,小坡眼看着船身,一脚轻轻的推那块皮,慢慢,慢慢,推到那个人的脚后边。

"喝!可了不得!"小坡忽然用手指着天,撒腿就跑。

那个人不知是怎么了,也仰着头,跟着往前跑,他刚一跑,小坡,手还指着天,又跑回来了。那个人,头还是仰着,也赶紧往回跑。噗!嗞——哪!他被橘子皮滑出老远,然后老老实实的摔在地上。

小坡嗞溜的一下,跑上跳板去。

到了船上,小坡赶快挺直了腰板,大大方方的往里走。船上的人们一看这样体面的小孩,都以为他是新上来的旅客,也就不去管他。你看,小坡心里这个痛快!

哟!船上原来和家里一样啊!一间一间的小白屋子,有床,有风扇,有脸盆架儿。在水上住家,这够多么有意思呢!等着,长大了我也盖这么一所房子,父亲要打我的时候,咦,我就到水房子里住几天来!还有饭厅呢!地上铺着地毯,四面都有大镜子!照着镜子吃饭,看着自己的嘴一张一闭,也好玩!还有理发所呢!在海上剪剪发,然后跳到海中洗洗头,岂不痛快!洗完了头,跑到饭厅吃点咖喱鸡什么的,真自在呀!

小坡一间一间的看,一直看到后面的休息室。这里还有钢琴呢!有几个老太太正在那里写字。啊,这大概是船上的学校,赶紧躲开她们,抓住我叫我写字,可不好受!

转过去,已到船尾。哈,看这间小屋子哟!里面还有大轮子,小棍儿的,咚咚的直响。水房子上带工厂,可笑!我要是盖水房子呀，一定不要工厂：顶好在那儿挖个窟窿，一直通到海面上，没事儿在那里钓鱼玩，倒不错！

小屋的旁边有个小窄铁梯，上去看看。上面原来还有一层楼呢。两旁也都是小屋子，又有一个饭厅……回去告诉南星，他没看见过这些东西。赶明儿他一提火车，我便说水屋子！

看那个铁玩艺儿，在空中忽忽悠悠的往起拉大木箱，大麻口袋。看这群人们这个嚷劲！不知道拉这些东西干什么，但是也很有趣味！

扶在栏杆上看看吧。远处的小山，下面的海水，看着更美了，比在岸上看美的多！开了一只船，闷——闷！汽笛儿叫着。船上的人好像都向他摇手儿呢，他也向他们摇手。看船尾巴拉着那一溜白水浪儿，多么好看！——看那群白鸟跟着船飞，多么有意思！

正看得高兴，背上来了只大手，抓住他的小褂。小坡歪头一看，得！看跳板的那个家伙！那个人一声没发，抓起小坡便走；小坡也一声不发，脚在空中飘摇着，也颇有意味。

下了跳板，那个人一松手，小坡摔了个"芥末蹲"儿。"谢谢你啊！"小坡回着头儿说。

十　生　日

星期日，小坡早晨起来稍微晚一点。

一睁眼，有趣，蚊帐上落着个大花蛾子。他轻轻掀起帐子，蛾子也没飞去。"蛾子，你还睡哪？天不早啦！"蛾子的绒须儿微微动了动，似乎是说："我还得睡一会儿呢！"

妹妹仙坡还睡得很香甜，一只小胖脚在花毯边上露着，五个脚指伸伸着，好似一排短圆的花瓣儿。有个血点红的小蜻蜓正在她的小瓣儿上落着。小坡掀起帐子看了看妹妹，没敢惊动她，只低声的说："小蜻蜓，你把咬妹妹的蚊子都吃了吧？谢谢你呀！"

他去冲凉洗脸。

冲凉回来，妹妹还睡呢。他找来石板石笔，想画些图儿，等妹妹醒了给她看。画什么呢？画小兔吧？不！回回画小兔，未免太贫了。画妹妹的脚？对！他拿着石板，一眼斜了妹妹的脚，一眼看着石板，照猫画虎的画。画完了，细细的和真脚比了一比；不行，赶快擦去吧！叫妹妹看见，她非生气不可。闹了归齐，只画上四个脚指！再补上一个吧，就非添在脚外边不可，因为四个已经占满了地方。

还是画小兔吧，到底有点拿手。把脚擦去，坐在床沿上，聚精会神的画。画了又擦，擦了再画，出了一鼻子汗，才画成一只小兔的偏身。两个耳朵像一对小棒槌，一个圆身子，两条短腿儿，一个小嘴，全行了；但是只有一只眼睛，可怎么办呢？要是只画小兔的前脸吗，当然可以像写"小"字似的，画出一个鼻子两只眼。可是这样怎么画兔身子呢？小兔又不是小人，可以在脸下画身子，胳臂，腿儿。没有法子，只好画偏身吧，虽然短着一只眼睛，到底有身子什么的呀！

他抱着石板，想了半天，啊，有主意了！在石板的那边画上一只眼，岂不是凑成两只！对！于是将石板翻过来，画上一只眼,很圆,颇像个小圆糖豆儿。

画完了,把石板放在地板上,自己趴下学兔儿:东闻一闻,西跳一跳,又用手前后的拉耳朵,因为兔耳是会动弹的。跳着跳着把妹妹跳醒了。

"干什么呢,二哥?"仙坡掀起帐子问。

"别叫我二哥了,我已经变成一个小兔!看我的耳朵,会动!"他用手拨弄着耳朵。

"来,我也当兔儿!"仙坡光着脚下了床。

"仙!兔儿有几只眼睛?"

"两只。"仙坡蹲在地上,开始学兔儿。

"来,看这个。"小坡把石板拿起来,给妹妹看:"像不像?"仙坡点头说:"真像!"

"再看。细细的看。"他希望妹妹能挑出错儿来。

"真像!"仙坡又重复了一句。

"几只眼?"

"一只。"

"小兔有一只眼睛行不行?"他很得意的问。

"行!"

"为什么?"小坡心里说:"妹妹有点糊涂!"

"三多家里的老猫就是一只眼,怎么不行?"

"不行!猫也都应当有两只眼,一只眼的猫不算猫,算——"小坡一时想不起到底算什么。

幸而仙坡没往下问,她说:"非有两只不行吗,为什么你画了一只?"

"一只?谁说的?我画了两只!"

"两只!那一只在哪儿呢?"

"这儿呢!"小坡把石板一翻过儿,果然还有一只圆眼,像个小圆糖豆儿。

"哟!可不是吗!"仙坡乐得把手插在腰间,开始跳舞。

小坡得意非常,又在石板上画了只圆眼,说:"仙,这只是给三多家老猫预备的。赶明儿三多一说他的老猫短着眼睛,咱们就告诉他,还有一只呢!他一定问,在那儿呢?咱们就说,在石板上呢。好不好?"

"好!"仙坡停止了跳舞:"赶明儿我拿着石板找老猫去。见了它,我就说,我就说,"她想了一会儿:"瞎猫来呀!"

"别叫它瞎猫,它不爱听!"小坡忙着插嘴,"这么说,猫先生来呀?"

"对了,我就说,猫先生来呀!没有给你带来什么好吃的,只带来一只眼睛,你看合式不合式?"

"别问它,石板上的眼睛也许太大一点!"小坡说。

仙坡拿起石板,比画着说:"请过来呀,瞎——呸,猫先生!它一过来,我就把石板放在它的脸前面。听着!忽——的一声,这只眼便跳上老猫脸上去,老猫从此就有两只眼,你看它喜欢不喜欢!"

"也不一定!"小坡想了想:"万一老猫嫌有两只眼太费事呢?你看,仙,有一个眼也不坏,睡觉的时候,只闭一只,醒了的时候,只睁一只,多么省事!尤其是看万花筒的时候,不用费事闭上一只,是不是?"

"也对!"仙坡说,并没有明白小坡的意思。

"吃粥来——!"妈妈的声音。

"仙还没洗脸呢!"小坡回答。

"快去洗!"妈妈说。

"快来，仙！快着！"小坡背起妹妹，去帮着她洗脸。

洗了脸回来，父亲母亲哥哥都已坐好，等着他们呢。

小坡仙坡也坐下，母亲给大家盛粥。

小坡刚要端碗，母亲说了：

"先给父亲磕头吧！"

"为什么呢？"小坡问。

"今天是你的生日，傻子！"妈妈说。

"鞠躬行不行？"

"不行！"妈妈笑着说。

"过新年的时候，不是大家鞠躬吗？"小坡问妹妹。妹妹看了父亲一眼。

"非磕头不可呀！新年是新年。生日是生日！养活你们这么大，不给爸爸磕头？好！磕！没话可说！"父亲说，微微带着笑意。

小坡不敢违背父亲的命令，跪在地上，问："磕几个呢？"

"四八四十八个。"仙坡说。

"磕三个吧。"妈妈说。

小坡给父亲磕完，刚要起来，父亲说：

"不用起来，给妈妈磕！"

小坡又给母亲磕了三个头，刚要起来，哥哥说：

"还有我呢！"

小坡假装没听见，站起来，对哥哥说：

"你要是叫我看看你的图画，我就给你磕！"

"偏不给你看！爱磕不磕！"哥哥说。

小坡不再答理哥哥，回头对妹妹说：

"仙,该给你磕了!"说着便又跪下了。

"不要给妹妹行大礼,小坡!"妈妈笑了,父亲也笑了。

"非磕不行,我爱妹妹!"

"来,我也磕!"仙坡也忙着跪在地上。

"咱们俩一齐磕,来,一,二,三!"小坡高声的喊。

两个磕起来了,越磕越高兴:"再来一个!""哎,再来一个!"随磕随往前凑,两个的脑门顶在一处,就手儿顶起牛儿来,小坡没有使劲,已经把妹妹顶出老远去。

"好啦!好啦!快起来吃粥!"妈妈说。

两个立起来,妈妈给他们擦了手,大家一同吃粥。平日的规矩是:粥随便喝,油条是一人一根,不准多拿。今天是小坡的生日,油条也随便吃,而且有四碟小菜。小坡不记得吃了几根油条,心里说:多嗒把盘子吃光,多嗒完事!可是,忽然想起来:还得给陈妈留两条呢,二喜也许要吃呢!于是对哥哥说:

"不要吃了,得给陈妈留点儿!"

父亲听小坡这样说,笑了笑,说:"这才是好孩子!"

小坡听父亲夸奖他,心中非常高兴,说:"父亲,带我们到植物园看猴子去吧!"

哥哥也说:"下午去看电影吧!"

妹妹也说:"现在去看猴子,下午去看——"她说不上"电影"来,因为没有看过。

父亲今天不知为什么这样喜欢,全答应了他们:"快去换衣裳,趁着早晨凉快,好上植物园去。仙坡,快去梳小辫儿。"

大家慌着忙着全去预备。

哥哥和小坡全穿上白制服，戴上童子军帽，还都穿上皮鞋。妹妹穿了一身浅绿绸衣裤，没穿袜子，穿一双小花鞋。两条辫儿梳得很光，还戴着一朵大红鲜花。

坐了一截车，走了一截，他们远远望见绿丛丛一片，已是植物园。

"园中的花木没有一棵好看的，就是好看吧，谁又有工夫去看呢！"小坡这样想，"破棕树叶子！破红花儿！猴子在那儿呢？"越找不到猴，越觉得四面的花草不顺眼。"猴子！出来呀！"

"我看见了一条小尾巴！"仙坡说。

"那儿呢？"

"在椰子树上绕着呢！"

"哎哟！可不是吗！一个小猴，在椰子下面藏着哪！小猴——！小猴——！快来吃花生！"

哥哥拿着许多香蕉，妹妹有一口袋花生，都是预备给猴子吃的。

三个人，把父亲落在后边，一直跑下去。

一片密树林，小树挤着老树，老树带着藤蔓。小细槟榔树，没地方伸展叶子，拚命往高处钻，腰里挂着一串槟榔，脚下围着无数的小绿棵子。密密匝匝，枝儿搭着枝儿，叶子挨着叶子，凉飕飕的摇成一片绿雾。虫儿不住吱吱的叫，叫得那么怪好听的。哈哈，原来这儿是猴子的家呀！看树干上，树枝上，叶儿底下，全藏着个小猴！喝！有深黄的，有浅灰的，有大的，有小的，有不大不小的，全鬼头魔儿眼的，又淘气，又可爱。顶可爱的是母猴儿抱着一点点的小猴子，整跟老太太抱小孩儿一样。深灰色的小毛猴真好玩，小圆脑袋左右摇动,小手儿摸摸这里,抓抓那里,没事儿瞎忙。当母猴在树上跳,或在地上走的时候,小猴就用四条腿抱住母亲的腰,小圆头顶住母亲的胸口,紧紧的抱住,唯恐掉下来。真有意思!

妹妹往地上撒了一把落花生。喝,东南西北,树上树下,全噭噭的乱叫,来了,来了,一五,一十,一百……数不过来。有的抢着一个花生,登时坐下就吃,吃得香甜有味,小白牙咯哧咯哧咬得又快又好笑。有的抢着一个,登时上了树,坐在树杈上,安安稳稳的享受。有的抢不着,便撅着尾巴向别人抢,引起不少的小战争。

大坡是专挑大猴子给香蕉吃。仙坡是专送深黄色的喂花生,父亲坐在草地上看着,嘻嘻的笑。小坡可忙了,前后左右乱跳,帮着小猴儿抢花生。大猴子一过来对弱小的示威,小坡便跑过去:"你敢!不要脸!"大猴子急了,直向小坡龇牙,小坡也怒了:"你来,跟你干干!张秃子都怕我的脑袋,不用说你这猴儿头了!"一个顶小的猴儿,抢不着东西,坐在一旁要哭似的。小坡过去由哥哥手里夺过一只香蕉:"来!小猴儿,别哭啊!就在这儿吃吧,省得叫别人抢了去!"小猴子双手抱着香蕉,一口一口的吃,吃得真香;小坡的嘴也直冒甜水儿!

大猴子真怕了小坡,躲他老远,不敢过来。有的竟自生气,抓着一个树枝,三悠两摆到树枝上坐着生气去了。有的把尾巴卷在树上,头儿倒悬,来个珍珠倒卷帘。然后由树上溜下来。

花生香蕉都没啦。又来了一群小孩,全拿着吃食来喂他们。又来了两辆汽车,也都停住,往外扔果子。

小坡们都去坐在父亲旁边看着,越看越有趣,好像再看十天八天的也不腻烦!

有些小猴似乎是吃饱了,退在空地方,彼此打着玩。你咬我的耳朵,我抓你的尾巴,打得满地乱滚。有时候,一个遮住眼,一个偷偷的从后面来抓。遮眼的更鬼道,忽然一回身,把后面的小猴,一下捏在地上。然后又去遮上眼,等着……

有的一群小猴在一条树枝上打秋千,抢,抢,抢,把梢头上的那个抢下去。他赶快又上了树,又抢,把别人抢下去。

有的老猴儿,似乎不屑于和大家争吵,稳稳当当的,秃眉红眼的,坐在树干上,抓抓脖子,看看手指,神气非常老到。

"该走了!"父亲说。

没人答应。

又来了一群小孩,也全拿着吃食,猴子似乎也更多了,不知道由哪儿来的,越聚越多,也越好看。

"该走了!"父亲又说。

没人应声。

待了一会儿,小坡说:"仙,看那个没有尾巴的,折跟头玩呢!"

"哟!他怎么没有尾巴呢?"

"叫理发馆里的伙计剪了去啦!"哥哥说。

"噢!"小坡仙坡一齐说。

"该走了!"父亲把这句话说到十多回了。

大家没言语,可是都立起来,又立着看了半天。

"该走了!"父亲说完,便走下去。

大家恋恋不舍的一边走,一边回头看。

到花室,兰花开得正好。小坡说,兰花没有小猴那么好看。到河边,子午莲,红的,白的,开得非常美丽。仙坡说,可惜河岸上没有小猴!到棕园,小坡看着大棕叶,叫:小猴儿别藏着了,快下来吧!叫了半天,原来这里并没有猴子!他叹了一口气!

午饭前,到了家中。小坡顾不得脱衣服,一直跑到厨房,把猴儿的事情全告诉了妈妈。妈妈好像一辈子没看过猴子,点头咂嘴的听着。告诉完了妈妈,又和陈妈说了一遍。陈妈似乎和猴儿一点好感没有,只顾切菜,不好好的听着。于是小坡只好再告诉妈妈一遍。

仙坡也来了,她请求妈妈去抱一个小猴来。

妈妈说,仙坡小时候和小猴儿一样。仙坡听了非常得意。小坡连忙问妈妈,他小时候像猴儿不像。

妈妈说,小坡到如今还有点猴气。小坡也非常得意。

十一 电影园中

吃过午饭,小坡到妈妈屋中去问:"妈!明天还是生日不是呀?"

妈妈正在床上躺着休息呢,她闭着眼,说:"那有的事!一年只有一个生日。"

"嗷!"小坡有点不痛快:"不许有两个,三个,一百个生日?"

"天天吃好东西,看猴子,敢情自在!"妈妈笑着说。

"妈妈你也有生日,是不是?"

"人人有。"

"你爱哪一天过生日呢?"

"我爱哪一天不行啊,生日是有一定的。"

"谁给定的呢?父亲?"小坡问。

"生日就是生下来的那一天,比如仙坡是五月一号生的吧,每到五月一号我们就给她庆贺生日,明白不明白?"

"妹妹不是白胡子老仙送来的吗?"

"是呀,五月一号送来的,所以就算是她的生日。"

"嗷!我可得记住:比如明天桌椅铺给咱们送张桌子来,到明年的明天,便是桌子的生日,是这么说不是?妈!"

妈妈笑着说:"对了!"

"啊,到桌子生日那天,我就扛着他去看猴子!"

"桌子没有眼睛啊?"妈妈说。

"拿粉笔圆圆的画两只呀!妈,猴子也有生日?"

"自然哪,"妈妈说:"有一个小孩过生日的时候,小猴儿之中也必有过生日的,所以小孩过生日,一定要拿些东西去给猴子庆贺。"

"可是,妈!那里这么多猴子,怎能知道是哪个的生日呢?"

"不用管是那个的,反正其中必有一个今天过生日。你过生日吧。哥哥妹妹全跟着吃好东西,猴子也是这样,一个过生日,大家随着欢喜。这个道理好不好?"妈妈很高兴的问。

"好！真好！"小坡拍着手说："妈，回来父亲要带我们去看什么？"

"看电影。"

"电影是什么玩艺儿呢？"

"到电影园就知道了。"

"那里也有猴子？"小坡心目中的电影园是：是几根电线杆子，上面有些小猴。

"没有。"妈妈似乎要睡觉。

小坡还有许多问题要问，一看妈妈困了，赶快走出去，然后又轻轻走回来，把手在妈妈的眼前摆了一摆，试试妈妈是否真睡了；妈妈不愿说话的时候，常常假装睡觉。"啊，妈妈是真困了！赶快走吧！"他低声的说。

哼！妈妈闭着眼笑了！

"啊！妈妈你又冤我呢！不行！不答应你！你个小妈妈！"小坡说着，把头顶在她的胸口上："妈，小猴儿顶你来了，顶！顶！顶！"

"小坡好好的！妈妈真困了！"妈妈睁开眼说："快去，找仙坡去！别惹妈妈生气！"

"走喽！找妹妹去喽！"小坡跑出去："仙！仙！你在那儿呢？仙——！"

"别嚷！"父亲的声音。

小坡赶紧放轻了脚步，手遮着嘴，恐怕出气儿声音大点，叫父亲听见，又挨说。

快走到街门，门后忽然"咚"！吓了他一大跳。一看，原来是妹妹抱着二喜在门后埋伏着呢。

"好你个坏姑娘,坏仙坡,吓嚇我!好你个二喜,跟妹妹玩,不找我去!"小坡叨唠了一阵。

"二哥,父亲说了四点钟去看电影。"

"四点?现在什么时候了?看看吧!"小坡把手腕一横,看了一眼:"十三点半了!还有三刻就到四点。"说完,他假装在手腕旁捻了捻,作为是上弦。然后把手腕放在耳旁听了听:"哼!太快了,咯噔咯噔一劲儿响!仙,你的表什么时候了?"

仙坡学着父亲掏金表的样儿,从小袋中把二喜的脚掏出来,看了看:"三刻!"

"几点三刻?"小坡问。

"就是三刻!"

"你的表一定是站住了,该上弦啦!"他过去在二喜的脚旁捻了几捻。二喜以为这是捻它玩呢,小圆眼儿当中的一条小黑道儿随着小坡的手转,小脚儿团团着要抓他。

他们和二喜玩了半天,小坡忽然说:"到四点了吧?"忙着跑去看父亲,父亲正睡觉呢。回来又玩了一会儿,又说:"到四点了吧?"跑去看父亲,哼,还睡觉呢!跑了几次,父亲醒了,可是说:"还早呢!"简直的永远到不了四点啦!一连气问了四五次,父亲老说:还早呢!

哎呀可到了四点!

原来电影园就离家里不远呀!小坡天天上学,从那里过,但是他总以为那是个大礼拜堂。到了,父亲在个小窗户洞外买了票。有趣!电影园卖票的和二喜一样,爱钻小洞儿。

父亲领着他们上了一层楼。喝!怎么这些椅子呀!那个桌椅铺也没有这些椅子！可是没有桌子，奇怪！大堂里很黑，只在四角上有几支小红灯。台上什么也没有，只挂着一块大绣花帐子，帐子后面必有好玩艺儿！小坡心里说：这就是电影吧，看，四下全是黑的吗。

他们坐好，慢慢的人多起来，可是堂中还是那么黑，除了人声喽喽嘈嘈的，没有别的动静。来了个卖糖的，仙坡伸手便拿了四包。父亲也没说什么，给了钱，便吃开了。小坡一边吃糖，一边想："赶明年过生日，叫父亲给买个大汽车，他一定给我买！过生日的时候，父亲是最和气的！"

人更多了。台上的绣花帐子慢慢自己卷起，露出一块四方的白布，雪白，连个黑点也没有。小坡心里说：这大概是演完了吧？忽然，叮儿当儿打起钢琴，也看不见琴在那儿呢。当然看不见，演电影吗，自然都是影儿。一个人影打一个钢琴影，对，一定是这么回事。

电灯忽然一亮，把人们的脑袋照得像一排一排的光圆球。忽然又灭了，堂中比从前更黑了。楼上嗒嗒嗒嗒的响起来，射出一条白光，好像海岸上的灯塔。喝，白布上出来个大狮子，直张嘴儿。下面全是洋字，哎呀，狮子念洋字，一定是洋狮子了。狮子忽然没了，又出来一片洋字。字忽然又没了，出来一个大人头，比牛车轮还大，戴着一对汽车轮大小的眼镜。眼毛比手指还粗，两个眼珠像一对儿皮球，滴溜滴溜的乱转。

"仙！看哪！"仙坡只顾了吃糖，什么也没看见。

"哟！我害怕！"她忽然看见那个大脑袋。

"不用害怕，那是鬼子脑袋！"父亲说。

忽然，大脑袋没有了。出来一群人，全戴着草帽，穿着洋服，在街上走。衣服没有颜色，街上的铺子，车马，也全不是白的，便是黑的。大概全穿着孝呢？而且老有一条条的黑道儿，似乎是下雨了，可是人们全没打伞。对了，电影中的雨。当然也是影儿，可以不打伞的。

来了辆汽车，一直从台上跑奔楼上来！喝，越跑，越大，越近！小坡和仙坡全抱起头来，往下面藏。哼！什么事儿也没有。抬头一看，那辆汽车跑得飞快，把那群人撞倒，从他们的脊背上跑过去了。楼上楼下的人都笑了。小坡想了想，也觉得可笑。

汽车站住了，下来一个人，父亲说，这就是刚才那个大脑袋。小坡也认不清，但是看出来。这个人确乎也戴着眼镜。下了车，刚一迈步，哪，摔了个脚朝天，好笑！站起来了，哪，又跌了个嘴啃地，好笑！小坡笑得喘不过气来了！

"二哥，你笑什么呢？"仙坡问。

"摔跟头的，看着呀！"小坡立起来，向台上喊："再摔一个，给妹妹看！"

这一喊，招得全堂都笑了。

连汽车带摔跟头的忽然又都没有了。又出来一片洋字，糟糕！幸而：

"仙，快看！出来个大姑娘！"

"哪儿哪？哟！可不是吗，多么美呀！还抱着个小狗儿！"

戴眼镜的又钻出来了，喝！好不害羞，抱着那个大姑娘亲嘴呢！羞！羞！小坡用手指拨着脸蛋。仙坡也说：羞！羞！

好了！后面来了个人，把戴眼镜的抓住，提起多高，哪！摔在地上！该！谁叫你不害羞呢！该！那个人拉着大姑娘就跑，跑得真快，一会儿就跑得看不见了。戴眼镜的爬起来，拐着腿就追；一边跑一边摔跟头，真可笑！

又出来一片洋字，讨厌！

可了不得！出来只大老虎！

"四眼虎！"仙坡赶快遮上眼睛。

老虎抓住了戴眼镜的，喝，看他吓得那个样子！混身乱抖，头发一根一根的立起来，像一把儿棒儿香。草帽随着头发一起一落，真是可笑。

看哪！戴眼镜的忽然强硬起来，回手给了老虎一个大嘴巴子！喝，打得老虎直裂嘴！小坡嚷起来：再打！果然那个人更横起来，跟老虎打成一团。打得草帽也飞了，眼镜也飞了，衣裳都撕成破蝴蝶似的。还打，一点不退步！好朋友！

小坡握着拳头往自己腿上捶，还直跺脚。坏了！老虎把那个人压在底下！小坡心里咚咚的直跳，恨不能登时上去，砸老虎一顿好的！那个人更有主意，用手一捏鼻子，老虎立刻抿着耳朵，夹着尾巴，就跑了。

"仙！四眼虎怕咱们捏鼻子！"他和妹妹全捏住鼻子，果然老虎越跑越远，不敢回头。

大姑娘又回来了，还抱着小狗。那个人把眼镜捡起来，戴上。一手拿着破草帽，一手按在胸前，给她跪下来。

"二哥！"仙坡说："今天是戴眼镜的生日，看他给大姑娘磕头呢！"

又亲嘴了，羞！羞！羞！哪，后面有人放了枪，把草帽儿打飞了！忽！灯全亮了，台上依然是一块白布，什么也没有了！

小坡叹了口气。

"父亲，那些人都上那儿啦?"仙坡问。

"回家吃饭去了。"父亲笑着说。

小坡刚要问父亲一些事，灯忽然又灭了，头上那条白光又射在白帐上。洋字，洋字，一所房子，洋字，房子里面，人，老头儿，老太太，年青的男女，洋字，又一所房子，又一群人，大家的嘴唇乱动，洋字!

好没意思！也不摔，也不打，也不跑汽车，也不打老虎！只是嘴儿乱动，干什么呢?

一片海，洋字;一座山，洋字;人们的嘴乱动，洋字!

"父亲，"小坡拉了父亲一把："他们怎不打架啦?"

"换了片子啦，这是另一出了!"

"噢!"小坡不明白，也不敢细问；只好转告诉妹妹："仙，换了片子啦!"

妹妹似乎要睡觉。

"妹妹要睡，父亲!"

"仙坡，别睡啊!"父亲说。

"没睡!"仙坡低声的说，眼睛闭着，头往一旁歪歪着。

房子，人，洋字，房子，人，洋字!

"父亲，那戴眼镜的不来啦?"

"换了片子啦，他怎能还来呢?"

"噢!"小坡说："这群人不爱打架?"

"哪能总打架呢!"

"噢!"

小坡心里说：我也该睡会儿啦!

十二　嗗拉巴唧

小坡，仙坡的晚饭差不多是闭着眼吃的。看猴子，逛植物园，看电影，来回走路，和一切的劳神，已经把他们累得不成样儿了。

吃过晚饭，小坡还强打精神告诉母亲："大脑袋"怎么转眼珠，怎么捏鼻子吓跑四眼虎。说着说着，眼皮像小金鱼的嘴，慢慢的一张一闭，心中有些发迷糊。脖子也有些发软，脑袋左右的直往下垂。妈妈一手拉着小坡，一手拉着仙坡，把他们两个小瞎子送到卧室去。他们好似刚一撒妈妈的手，就全睡着了。

睡觉是多么香甜的事儿呀！白天的时候，时时刻刻要守规矩；站着有站着的样子，坐着有坐着的姿式，一点儿也不自由。你不能走路的时候把手放在头上，也不能坐着的时候把脚放在桌子上面。就是有意拿个"大顶"，耍个"猴儿啃桃"什么的，也非到背静的地方去不可！谁敢在父亲眼前，或是教室里，用脑袋站一会儿，或是用手走几步"蝎子爬"？只有睡觉的时候才真有点自由。四外黑洞洞的，没有人来看着你。你愿把手枕在头下也好，愿把两腿伸成个八字也好，弯着腰儿也好，张着嘴儿也好，睡觉的时候你才真是自己的主人，你的小床便是王宫，没人敢来捣麻烦。

况且顶有意思的是随便作些小梦玩玩，谁能拦住你作梦？先生可以告诉你不要这么着，不要那么着，可是他能说，睡觉的时候不要作梦？父亲可以告诉你，吃饭要慢慢的，喝茶不要唏溜唏溜的响，可是他能告诉你要一定怎样作梦吗？只有在梦里，人们才得到真正的自由：白天里不敢去惹三多的糟老头子，哼！在梦中便颇可以夺过大烟袋，在他带皱纹的脑门上凿两三个（四五个也可以，假如你高兴打）大青包。

作梦吧！小朋友们！在梦里你可以长上小翅膀，和蜻蜓一样的飞上飞下。你可以到海里看鲸鱼们怎样游戏。多么有趣！多么有趣！

请要记住：每逢看见人家睡觉的时候，你要千万把脚步放轻，你要小声的说话，简直的不出声儿更好。千万不要把人家吵醒啊！把人家的好梦打断是多么残忍的事呀！人家正在梦中和小蝴蝶们一块儿飞呢，好，你一嚷，把人家惊醒，人家要多么不痛快呢！

来！我挨在你的耳朵上轻轻告诉你：小坡睡着了，要作个顶好玩的梦。我自己也去睡，好看看小坡在梦中作些什么可笑的事儿。

小坡正跪在电影园中的戏台上，想主意呢。还是把白帐子弄个窟窿，爬进去呢？还是把帐子卷起来，看看后面到底有什么东西呢？还是等着帐子后面的人出来，给他们开个小门，请他进去参加呢？

忽然"大脑袋"来了，向小坡转眼珠儿；小坡也向他转眼珠儿，转得非常的快。他向小坡摇头儿，小坡也赶快摇头儿。他张了张嘴，小坡也忙着张嘴。"大脑袋"笑了。啊，原来这转眼珠，摇头，张嘴，是影儿国的见面礼。他们这样行礼,你要是不还礼,可就坏了。你不还礼,他们就一定生气!他们一生气可不得了:不是将身一晃,跑得无影无踪,再也不和你一块儿玩;便是嘴唇一动,出来一片洋字,叫你越看越糊涂!幸而小坡还了礼,"大脑袋"笑了笑,就说:

"出来吧!"

"你应当说,进去吧!"小坡透着很精明的样儿说。

"没有人不从那边出来,而能进到这里来的,糊涂!""大脑袋"的神气很骄慢,说话一点也不客气。

小坡因要进去的心切,只好咽了口气,便往白帐子底下钻。

"别那么着!你当我们影儿国的国民都是老鼠吗,钻窟窿?""大脑袋"冷笑着说。

小坡也有点生气了:"我没说你们是老鼠呀!你不告诉我,我怎么会知道怎样进去!"

"碰!往帐子上碰!不要紧,碰坏了帐子算我的事儿!"

"碰坏帐子倒是小事,碰在你的头上,你可受不了!你大概知道小坡脑袋的厉害吧?"小坡说。

"噢!""大脑袋"翻了翻眼,似乎是承认:自己的头是大而不结实。可是他还很坚强的说:"我试试!"

"好吧!"小坡说完,立起来,往后退了两步,往前碰了去。哼!软忽忽的好似碰在一片大蘑菇上,大脑袋完全碎了,一点迹渣没剩,只是空中飞着些白灰儿。"怎样告诉你来着?我说我的头厉害,你偏不信,看看!"小坡很后悔这样把大脑袋碰碎。

忽然一回头,哈!"大脑袋"——头已经不大了——戴着眼镜,草帽,在小坡身后站着笑呢!

"真有你的！真有你的！你个会闹鬼儿的大脑袋！"小坡指着他说，心中非常爱惜他。"你叫什么呀？大脑袋！"

"我？等等，我看一看！""大脑袋"把草帽摘下来，看了看里面的皮圈儿："啊，有了，我叫嚼拉巴唧。"

"什么？"

"嚼拉巴唧！"

"嚼里嚼噜行不行？"小坡问。

嚼拉巴唧想了一会儿，说："行是行的，不过这顶帽子印着'嚼拉巴唧'，我就得叫嚼拉巴唧。等买新帽子时再改吧！"

"那末，你没有准姓呀？"小坡笑着问。

"影儿国的国民都没有准姓。"

"噢！噢！"小坡看着嚼拉巴唧，希望问他的名字，他好把为什么叫"小坡"的故事说一遍。

嚼拉巴唧把帽子戴上，一声也没出。

小坡等不得了，说："你怎么不问我叫什么呢？"

"不用问，你没戴着帽子，怎会有名字！"

"哟！你们敢情拿帽子里面印着的字当名字呀？"

"怎么，不许呀？！"

"我没说不许呀！我叫小坡。"

"谁问你呢！我说，我的帽子呢？"

小坡哈哈的笑起来了。他初和嚼拉巴唧见面的时候，他很想规规矩矩的说话行事；继而一看嚼拉巴唧是这么一种眼睛看东，心里想西，似乎明白，又好像糊涂的人，他不由的随便起来；好在嚼拉巴唧也不多心。嚼拉巴唧原来就是这么样的人：两眼笑迷迷的，鼻子又很直很高，透着很郑重。胳臂腿儿很灵活，可又动不动便摔个嘴啃地。衣裳帽子都很讲究，可是又瘦又小紧巴巴的贴在身上，看着那么怪难过的。他似乎很精明，可又有时候"心不在焉"：手里拿着手绢，而口中叨唠着，又把手绢丢了！及至发觉了手绢在手中，便问人家：昨天下雨来着没有？

小坡笑了半天，嘚拉巴唧想起来了：帽子在头上戴着呢，赶紧说："不要这样大声的笑！你不知道这是在影儿国吗？我们说话，笑，都不许出声儿的！嘿喽！你腰中围着的是什么玩艺儿呀？"

"这个呀？"小坡指着他那块红绸宝贝说："我的宝贝。有它我便可以随意变成各样的人。"

"赶快扔了去，我们这里的人随意变化，用不着红绸子！"

"我不能扔，这是我的宝贝！"

"你的宝贝自然与我没关系，扔了去！"

"偏不扔！"

"不扔就不扔，拉倒！"

"那末，我把它扔了吧？"

"别扔！"

"非扔不可！"小坡说着，解下红绸子来，往帐子上一摔，大概是扔在戏台上了，可是小坡看不见，因为一进到帐子里面去，外边的东西便不能看见了。

"我说，你看见钩钩没有？"嘚拉巴唧忽然问。

"谁是钩钩？"

"你不知道哇？"

"我怎会知道！"

"那么，我似乎应该知道。钩钩是个大姑娘。"

"噢！就是跟你一块儿，抱着小狗儿的那位姑娘！"小坡非常得意记得这么真确。

"你知道吗，怎么说不知道，啊?!"噜拉巴唧很生气的样子说。

小坡此时一点也不怕噜拉巴唧了，毫不介意的说："钩钩那儿去了？"

"叫老虎给背了去啦！"噜拉巴唧似乎要落泪。

"背到哪儿去啦？"

"你不知道啊？"

小坡摇了摇头。

"那么，我又似乎该当知道。背到山上去了！"

"这个噜里噜噜，呸！噜拉巴唧，有点假装糊涂，明知故问！"小坡心里说。然后他问："怎么办呢？"

"办？我要有主意，我早办了，还等着你问！"噜拉巴唧的泪落下来了。

小坡心中很替他难过，虽然他的话说得这么不受听。"你的汽车呢？"

"在家呢。"

"坐上汽车，到山里打虎去呀！"小坡很英勇的说。

"不行呀，车轮子的皮带短了一个！"

"哪儿去了？"

"吃了！"

"谁吃的？"

"你不知道哇？"噜拉巴唧想了一会儿："大概是我！"

"皮带好吃吗？"小坡很惊讶的问。

"不十分好吃，不过加点油醋，还可以将就！"

"噢！怪不得你的脑袋有时候可以长那么大呢，一定是吃橡皮轮子吃的！"

"你似乎知道，那末，我一定不知道了！"

"这个人说话真有些绕弯儿！"小坡心里说。

"噢！钩钩！钩钩！"唧拉巴唧很悲惨的叫，掏出金表来，擦了擦眼泪。

"咱们走哇！找老虎去！"小坡说。

"离此地很远哪！"唧拉巴唧撇着大嘴说。

"你不是很能跑吗？"

"能！"唧拉巴唧呜咽起来："也能摔跟头！"

"不摔跟头怎么招人家笑呢？"

"你摔跟头是为招人家笑呀？！"

"我说错了，对不起！"小坡赶快的道歉。

"你干什么说错了呢？！"

小坡心中说："影儿国中的人真有点不好惹，"可是他也强硬起来："我爱说错了！"

"那还可以！你自要说'爱'，什么事都好办！你看，我爱钩钩，钩钩爱我；跟你爱说错话一样！"

小坡有点发糊涂，假装着明白，说："我爱妹妹仙坡！"

"你无论怎么爱妹妹，也不能像我这样爱钩钩！再说，谁没有妹妹呢！"

"那末，你也有妹妹？"小坡很关心的问。

"等我想想！"唧拉巴唧把手指放在鼻子上，想了半天："也许没有，反正我爱钩钩！"

"钩钩不是你的妹妹？"

"不是!"

"她是你的什么人呢?"

"告诉你,你也不明白,我只能这么说:我一问她,钩钩你爱我不爱?她就抿着小红嘴一笑,点点头,我当时就疯了!"

"爱和疯了一样?"小坡问。

"差不多!等赶明儿你长大成人就明白了!"

"噢!"小坡想:假如长大就疯了,也很好玩。

"你到底要帮助我不呢?"

"走啊!"小坡挺起胸脯来。

"往哪里走?"

"不是往山里去吗?"

"哪边是山?"

"山那边啊?"小坡很聪明的说。

"对了!"嘴拉巴唧拿腿就走,小坡在后面跟着。

走了一会儿,嘴拉巴唧说:"离我远一点啊,我要摔跟头了!"

"不要紧,你一跌倒,我就踢你一脚,你就滚出老远,这样不是可以走的快一点吗?"

"也有理!"说着,嘴拉巴唧摔出老远去:"踢呀!"

小坡往前跑了几步,给了他一脚。

"等等!"嘴拉巴唧立起来,说:"得把眼镜摘下来,戴着眼镜滚,不痛快!"

嘴拉巴唧把镜子摘下来,给小坡戴上,钩儿朝前,镜子正在小坡的脑杓儿上。

"怎么倒戴眼镜呢?"小坡问,心中非常高兴。

"小孩子戴眼镜都应当戴在后面!"

十三　影儿国

戴着眼镜,虽然是在脑杓上,小坡觉得看的清楚多了。他屡屡回头,看后面的东西,虽然叫脖子受点累,可是不如此怎能表示出后边戴眼镜的功用呢。

他前后左右的看,原来影儿国里的一切都和新加坡差不多,铺子,马路等等也应有尽有,可是都带着些素静气儿,不像新加坡那样五光十色的热闹。要是以幽雅论,这里比新加坡强多了。道路两旁的花草树木很多,颜色虽不十分鲜明,可是非常的整齐静美。天气也好,不阴不晴的飞着些雨丝。不常看见太阳,处处可并不是不光亮。小风儿刮着,正好不冷不热的正合适。

顶好玩的是路上的电车,没有人驶着,只用老牛拉着。影儿国的街道有点奇怪:比如你在"甲马路"上走吧,眼前忽然一闪,哼,街道就全变了,你不知不觉的就在"乙马路"上走啦!忽然又一闪,你又跑到"丙马路"去;忽然又一闪,你就跑到"丁马路"上去。这样,所以电车公司只要找几只认识路的老牛,在街道上等着马路变换,也不用驶车的,也不用使电气,马路自然会把电车送到远处去。街道的变动,有时候是眼前稍微一黑,马路跟着就变了,一点也看不出痕迹来。有时候可以看得明明白白的,由远处来了条大街,连马路连铺子等等,全晃晃悠悠的,忽高忽低忽左忽右的摆动,好像在大海中的小船,看着有些眼晕。

要是嘚拉巴唧会在街上等着,他们早就闪到城外去了。他是瞎忙一气,东撞一头,西跑一路,闪来那条街,他便顺着走;有时走出很远,又叫马路给带回来了。而且他是越急越糊涂,越忙越摔跟头。小坡起初以为这样乱跑,颇有意思,一语不发的随着他去;转着转着,小坡有点腻烦了,立住了问:

"你不认识路呀?"

"我怎么应当认识路呀?!"嘚拉巴唧擦着汗说。

"这样,咱们几儿个才能走到城外呢?"

"那全凭机会呀,凑巧了,转到上城外的大路,咱们自然走到城外去了!"

"啾!"小坡很想休息一会儿,说:"我渴了,怎么办呢?"

"路旁不是有茶管子吗,过去喝吧!"

"水管子!"

"茶管子!"

小坡走到树木后面一看,果然离不远儿便有个大水龙头,碧绿的,好像刚油饰好。过去细看,龙头上有一对浅红宝石的嘴鸭,上面有两个小金拐子。"茶","牛奶"在鸭嘴上面的小磁牌子上写着。龙头旁边有张绿漆的小桌,放着些玻璃杯,茶碗,和糖罐儿。雪白绦织桌布上绣着"白喝"两个字。

小坡细细看了一番,不敢动,回过头来问嘚拉巴唧:"真是白喝呀?"

嘚拉巴唧没有回答,过去拧开小金拐子,倒了杯牛奶,一气喝下去，也没搁白糖。

小坡也放开胆子，倒了碗茶，真是清香滚热。他一边喝，一边点头咂嘴的说：

"比新加坡强多了！"

"哪里是新加坡呢？"噜拉巴唧问，随手又倒了杯牛奶。

"没听说过新加坡？"小坡惊讶得似乎有点生气了。

"是不是在月亮上呢？"噜拉巴唧咂着牛奶的余味说。

"在月亮底下！"小坡说。

"那么天上没有月亮的时候呢？"噜拉巴唧问，非常的得意。跟着把草帽摘下来，在胸前搧着。

小坡挤了挤眼，没话可答。低着头又倒了碗茶，搭讪着加了两匙儿糖，叨唠着："只有茶，没有咖啡啊！"

"今天礼拜几？"噜拉巴唧忽然问。

"礼拜天吧。"

"当然没有咖啡了，礼拜五才有呢！"

"噢！"小坡虽然不喜欢噜拉巴唧的骄傲神气，可是心中还不能不佩服影儿国的设备这么周到，口中不住的说："真好！真好！"

"你们新加坡也是这样吧？"噜拉巴唧问。

小坡的脸慢慢的红上来了，迟疑了半天，才说："我们的管子里不是茶和牛奶，是橘子汁，香蕉水，柠檬水，还有啤酒！"

"那末，咱们上新加坡吧！"噜拉巴唧大概很喜欢喝啤酒。

小坡的脸更红了，心里说："撒谎到底不上算哪！早晚是叫人家看透了！"他想了一会说："等过两天再去吧！现在咱们不是找钩钩去吗?"

这句话正碰在嚼拉巴唧的心尖上,他赶快说:"你知道吗,还在这里自在的喝茶?!"

小坡忙着把茶碗放下就走。

嚼拉巴唧一边走一边叨唠,好像喝醉了的老太太:

"你知道吗,还不快走!你知道吗,成心不早提醒我一声儿!什么新加坡,柠檬水,瞎扯!"

小坡现在已经知道嚼拉巴唧的脾气,由着他叨唠,一声也不出,加劲儿往前走。嚼拉巴唧是一边叨唠,一边摔跟头。走了老远,还是看不见山,小坡看见路上停着辆电车,他站住了,问:

"我们坐车去吧?"

"没带着车票哇!"

"上车买去,你有钱没有?"

"你们那里是拿钱买票啊?"

"那当然哪!"小坡说,觉得理由十分充足。

"怎会当然呢?我们这里是拿票买钱!"嚼拉巴唧的神气非常的骄傲。

"你坐车,还给你钱?"小坡的眼睛睁得比酒盅儿还大。

"那自然呵!不然,为什么坐车呢!可惜没带着票!"

"车票是那儿来的呢?"小坡很想得两张拿票买钱的票子玩玩。

"妈妈给的!"

"你回家跟妈妈要两张去,好不好?"小坡很和气的说。

"妈妈不给,因为我不淘气。"嚼拉巴唧带出很后悔的样子。

"不淘气?"

"唉!非在家里闹翻了天,妈妈不给车票;好到电车里玩半天,省得在家中乱吵。"

"你还不算淘气的人?"小坡笑着问,恐怕得罪了喈拉巴唧。

"我算顶老实的人啦!你不认识我兄弟吧?他能把家中的房子拆了,再试着另盖一回!"喈拉巴唧似乎颇得意他有这样的兄弟。

"噢!"小坡也很羡慕喈拉巴唧的弟弟:"他拿票买来钱,当然可以再拿钱买些玩艺儿了?"

"买?还用买?钱就是玩艺,除了小孩子,没有人爱要钱!"

两个人谈高了兴,也不知道是走到那儿去啦。小坡问:

"你们买东西也不用钱吗?"

"当然不用钱!进铺子爱拿什么就拿什么。你要愿意假装给钱呢,便在口袋掏一掏,掏出一个树叶也好,一张香烟画片也好,一把儿空气也好,放在柜台上,就算给钱啦。你要是不愿意这么办呢,就一声不用出,拿起东西就走。"

"铺子的人也不拦你?"

"别插嘴,听我说!"

小坡咽了口气。

"你要是爱假装偷东西呢,便拿着东西,轻手蹑脚儿的走出去,别叫铺子里的人看见。"

"巡警也不管?"

"什么叫巡警啊?你可别问这样糊涂的问题!"

小坡本想告诉他,马来巡警是什么样子,和他自己怎

愿当巡警;一看啷拉巴唧的骄傲劲儿,他又不想说了。待了一会儿,他问:

"假如我现在饿了,可以到点心铺白拿些饽饽吗?"

"又是个糊涂问题?当然可以,还用问!况且,你是真饿了不是?为什么你说'假如'?你说'假如'你饿了,我要说,你'假如'不饿,你怎么办?"

小坡的脸又红了!搭讪着往四外看了看,看见一个很美丽的小点心铺。他走过去细看,里面坐着个顶可爱的小姑娘,蓝眼珠儿,黑头发,小红嘴唇,粉脸蛋儿,脑后也戴着一对大眼镜儿。小坡慢慢的进去,手在袋中摸了摸,掏出一些空气放在小桌儿上。小姑娘看了看他,抿着嘴笑嘻嘻的说:"要什么呢?先生!"

小坡伸着食指往四围一指,她随着手指看了看。然后她把各样的点心一样拿了一块,一共有二十多块。她一块一块的都垫上白纸,然后全轻轻的放在一支小绿竹篮里,笑着递给小坡。跟着,她拿出一个小白绸子包儿来,打开,也掏出一点空气。说:"这是找给你的钱,你给的太多了。"

小坡乐得跳起来了!

"哟,你会跳舞啊?"小姑娘娇声细气的说,好像个林中的小春莺儿。

"会一点,不很好。"小坡很谦虚的说。

"咱们跳一回好不好?"小姑娘说着,走到柜台的后面,捻了墙上的小钮子一下,登时屋中奏起乐来。她过来,拉了拉小裙子,握住小坡的手。小坡忙把篮子放下,和她跳起来。她的身体真灵活轻俏,脚步儿也真飘飕,好像一片柳叶似的,左右舞动。小坡提心吊胆的,出了一鼻子汗,恐怕跳错了步数。

"点心在哪儿哪?"唧拉巴唧在门外说。

"篮子里呢。"小坡回答,还和她跳着。

唧拉巴唧进来看了看小绿篮子,说:

"你刚才一定是伸了一个手指吧?你要用两个指头指,她一定给你一样两块!"

"馋鬼!"小坡低声的说。

"他是好人,不是馋鬼!"小姑娘笑着说:"我们愿意多卖。卖不出去,到晚上就全坏了,多么可惜!我再给你们添几块吧?"

小坡的脸又红了!哎呀,影儿国的事情真奇怪,一开口便说错,简直的别再说了!

"不用再添了,小姑娘!"唧拉巴唧说:"你看见钩钩了没有?"

"看见了!"小姑娘撒开小坡的手,走过唧拉巴唧那边去:"跟着个大老虎,是不是?"

唧拉巴唧的鼻子纵起来,耳朵也竖起,好像个小兔:"对呀!对呀!"

"老虎在这儿给钩钩买了几块点心,临走的时候,老虎还跟我握手来着呢!"小姑娘拍着手说。

"这一定不是那个专爱欺侮小姑娘的四眼虎!"小坡说。

"少说话!"唧拉巴唧瞪了小坡一眼。

"你要是这么没规矩,不客气,"小坡从篮子里拿起一块酥饼:"我可要拿点心打你了!"

唧拉巴唧没答理小坡,还问小姑娘:"他们往哪边去了呢?"

"上山了。老虎当然是住在山上!"小姑娘的神气似乎有点看不起嘟拉巴唧。

"该!"小坡咬了口酥饽饽。

"山在哪里呢?"

"问老虎去呀,我又不住在山上,怎能知道!"小姑娘嘲笑着说。

"该!"小坡又找补了一口酥饼。

嘟拉巴唧的脸绿了,原来影儿国的人们,一着急,或是一害羞,脸上就发绿。

小姑娘看见嘟拉巴唧的脸绿了,很有点可怜他的意思。她说:

"你在这儿等一等啊,我去找张地图来,也许你拿着地图可以找到山上去。"

小姑娘慢慢的走到后边去。嘟拉巴唧急得什么似的,拿起点心来,一嘴一块,恶狠狠的吃。小坡也学着他,一嘴一块的吃,两人一会儿就把点心全吃净了。嘟拉巴唧似乎还没吃够,看着小绿竹篮,好像要把篮子吃了。小坡忙着捡起篮子来,放在柜台后面。

小姑娘拿来一张大地图。嘟拉巴唧劈手抢过来,转着眼珠看了一回,很悲哀的说:"只有山,没有道路啊!"

"你不要上山吗,自然我得给拿山的图不是!"小姑娘很得意的说。

"再说,"小坡帮助小姑娘说:"拿着山图还能找不到山吗?"

"拿我的眼镜来,再细细看一回!"嘟拉巴唧说。

小姑娘忙把眼镜摘下来,递给他。"这是我祖母的老花镜，不知道你戴着合适不合适。"

"戴在脑后边，还有什么不合适！"嘴拉巴唧把眼镜戴在脑杓上，细细看着地图。看了半天，他说："走哇！这里有座狼山，狼山自然离虎山不远。走哇，先去找狼山哪！拿着这张地图！"

小坡把地图折好，夹在腋下，和小姑娘告辞。

"谢谢你呀！"嘴拉巴唧向小姑娘一点头，慌手忙脚的跑出去。

十四 猴 王

小坡忽然一迷糊，再睁眼一看，已经来到一座小山。山顶上有些椰树，鸡毛撑子似的，随着风儿，来回撑天上的灰云。

"嘴拉巴唧！"小坡喊。哎呀！好难过，怎么用力也喊不出来。好容易握着拳头一使劲，出了一身透汗，才喊出来："嘴拉巴唧！你在那儿哪？"

没有人答应！小坡往四下一看，什么也没有，未免心中有点发慌。这就是狼山吧？他想：在国语教科书里念过，"狼形似犬"，而且听人说过狼的厉害；设若出来几只似狼的东西，叫他手无寸铁，可怎么办！

他往前走了几步，找了块大石头，坐下，"嘴拉巴唧也许叫狼叼去了吧?!"正这么想着，由山上的小黄土道中来了一只猴子，骑着一个长角的黑山羊，猴子上身穿着一件白小褂，下身光着，头上扣着个小红帽盔，在羊背上扬扬得意的，神气十足。山羊有时站住，想吃些路旁的青草，猴儿并没拿着鞭子，只由他的尾巴自动的在羊背上一抽，山羊便赶快跑起来。

小坡简直的看出了神。离他还有几丈远，猴儿一扳羊角，好像驶汽车的收闸一样，山羊便纹丝不动的站住了。猴儿一手遮在眼上，身子往前弯着些，看了一会儿，高声的叫：

"是小坡不是呀？"

猴儿怎么认识我呢？小坡惊异极了！莫非这是植物园？不是呀！或者是植物园的猴子跑到这儿来了？他正这么乱猜，猴子又说了："你是小坡不是呀？怎么不言语呀！哑巴了是怎着？！"

"我是小坡，你怎么知道呢？"小坡往前走了几步。

猴儿也拉着山羊迎上来，说："难道你听不出我的语声来？我是张秃子！"

"张秃子？"小坡有点不信任自己的耳朵，"张秃子？"

这时候，猴子已经离小坡很近，把山羊放在草地上，向小坡脱帽鞠躬，然后说："你不信哪？我真是张秃子！"

小坡看了看猴子头上，确是头发很少，和张秃子一样。

"坐下，坐下！咱们说会儿话！"张秃子变成猴子，似乎比从前规矩多了。

两个坐在大石头上，小坡还一时说不出话来。

"小坡，你干什么装傻呀？"张秃子的猴嘴张开一些，似乎是笑呢。"你莫非把我忘了？"

小坡只能摇了摇头。

"你听我告诉你吧!"

"噢!"小坡还是惊疑不定,想不起说什么好。

张秃子把小红帽子扣在头上,在大石头上,半蹲半坐的,说:

"有一天我到植物园去,正赶上猴王的生日。我给他些个香蕉什么的,他喜欢的了不得。一边吃,一边问我愿意加入猴儿国不愿意。我一想:在学校里,动不动就招先生说一顿。在家里,父亲的大手时常敲在咱的头上,打得咱越来头发越少。这样当人,还不如当猴儿呢!可是对猴王说:我不能当普通的猴子,至少也得来个猴王作作。你猜怎么着,猴王说:正好吗,你到狼山作王去吧。那里的猴王是我的弟弟,——小坡,我告诉你,敢情猴王们都是亲戚,不是弟兄,便是叔侄。——前两天他和狼山的狼王拜了盟兄弟。狼王请他去吃饭,那知狼王是个老狡猾鬼,假装喝醉了,把我兄弟的耳朵咬下一个来,当酒菜吃了。然后他假装发酒疯儿,跟小猴们说:'咱们假装把猴王杀了好不好?'小猴们七手八脚的便把我兄弟给杀了!"

"好不公道!不体面!狼崽子们!"小坡这时候听入了神,已经慢慢忘了张秃子变猴儿的惊异了。

"自然是不公道哇!小坡,你看,咱们在操场后面打架多么公平!是不是?"

"自然是!"小坡好像已把学校忘了,听张秃子一提,非常的高兴。

"猴王落了许多的泪,说他兄弟死得太冤枉!"

"他不会找到狼山,去给他兄弟报仇吗?"小坡问。

"不行啊，猴王不晓得影儿国在那里呀！他没看过电影。"

"你一定看过电影，张秃子？"

"自然哪，常由电影园的后墙爬进去，也不用买票！"张秃子的嘴又张得很大，似乎是笑呢。

"别笑啦，笑得那个难看！往下接着说吧。"此时小坡又恢复了平日和张秃子谈话的态度。

"猴王问他的兄弟亲戚，谁愿到狼山作王，大家都挤咕着眼儿一声不出。后来他说，你们既都不敢去，我可要请这位先生去了！他虽不是我的亲戚，可是如果他敢去，我便认他作干兄弟。于是猴王和我很亲热的拉了拉手，决定请我去作狼山的猴王。我自己呢，当然是愿意去；我父亲常这么说：秃子将来不是当王，就作总统，至少也来个大元帅！"

"大元帅是干什么的？"

"大元帅？谁知道呢！"

"不知道吗，你说？"

"说，一定就得知道哇？反正父亲这么说，结了，完了！"

"好啦，往下说吧！"

"我答应了猴王，他就给我写了一封信。"

"他还写信？"小坡问。

张秃子往小坡这边凑了凑，挨着小坡的耳朵根儿说："他们当王的都不会写字，可是他们装出多知多懂的样儿来，好叫小猴子们恭敬他们。他只在纸上画了三个圈儿，画得一点也不圆。他对我说：你拿着这封信到狼山去，给那里的官员人等看。他们就知道你是他们的新王了。"张秃子抓了抓脖子底下，真和猴子一样。

小坡笑开了。

"你是笑我哪？"张秃子似乎是生气了："你要晓得，我现在可是作了王。你顶好谨慎着一点！"

"得了，张秃子！你要不服我，咱们就打打看！你当是作了猴王，我就怕你呢！"

张秃子没言语，依旧东抓西挠的，猴气很深。

小坡心里说：作王的人们全仗着吹气瞪眼儿充能干，你要知道他们的老底儿，也是照样一脑袋顶他们一溜跟头！然后他对张秃子说：

"得了，咱们别吵架！你作了王，我好像得恭敬你一点。可是你也别假装能干，成心小看我！得了，说你的吧。"

张秃子自从作王以后，确是大方多了，一想小坡说得有理，就吹了一口，把怒气全吹出去了。"没人看着咱们，你爱怎样便怎样；当着小猴儿们，你可得恭敬着一点；不然，我还怎叫他们怕我呢？好，我往下说呀：拿着猴王的信，我就跑影儿国来了。"

"打哪儿进来的？"

"从点心铺的后门进来的。"

"喝了街上的牛奶没有？"小坡很想显显他的经验。

"当然，喝了六杯牛奶，吃了一打点心！"

"肚子也没疼？"小坡似乎很关心猴王的健康。

"疼了一会儿就好了。"

"好，接着说。"

"你要老这么插嘴，我多咱才能说完哪？"

"反正你们当王的一天没事，随便说吧。"

"没事？没事？"张秃子挤着眼说："你没作过王，自然不知道哇。没事？一天到晚全不能闲着。看那个猴子力气大一些，好淘气捣乱，咱赶紧和他认亲戚，套交情，送礼物；等冷不防的，好咬下他一个耳朵来，把他打倒！对那些好说话的猴儿呢，便见面打几个耳光，好叫他们看见我就打哆嗦！事情多了！没事？你太小看作王的了！"

"噢！"小坡没说别的，心中有些看不起猴王的人格。

张秃子看小坡没说什么，以为是小坡佩服他了，很得意的说：

"到了狼山，我便立在山顶上喊：猴儿国的国民听着：新王来到，出来瞧，出来看！这一喊不要紧哪，喝！山上东西南北全噢噢的叫起来，一群跟着一群，一群跟着一群，男女老少，老太太小妞儿，全来了！我心中未免有点害怕，他们真要是给我个一拥而上，那还了得！我心里直念道：张秃子！张秃子！挺起胸脯来干呀！我于是打开那封信，高声的喊：这是你们死去猴王的哥哥给我的信，请我作你们的王！喝！他们一看纸上的圈儿，全跪下磕起头来。"

"磕了几个？"小坡问。

"无数！无数！叫他们磕吧，把头磕晕，岂不是不能和我打架了吗？等他们磕了半天，我就又喊：拿王冠来！有几个年老白胡子的猴儿。嗾了一声，就爬到椰子树上，摘下这顶红小帽来。"张秃子指了指他头上的红盔儿。

"很像新加坡的阿拉伯人戴的小红盔儿！"小坡说。

"阿拉伯人全是当腻了王，才到新加坡去作买卖！"

"噢！"小坡这时候颇佩服张秃子知道这么多事情。

"我戴上王冠，又喊：拉战马来！"

"什么是战马呀?"

"你没到二马路听过评书呀?张飞大战孔明的时候,就这么喊,拉战马来!"

"孔明?"

"你赶明儿回新加坡的时候,到二马路听听去,就明白了。站着听,不用花钱。"

"噢!"小坡有点后悔:在学校里,他总看不起张秃子,不大和他来往,那知道他心中有这么些玩艺儿呢!

"我一喊,他们便给这个拉来了。"张秃子指着长角山羊说:"我本来是穿着件白小褂来的,所以没跟他们要衣裳。我就戴着王冠,骑上战马,在山坡上来回跑了三次。他们都吓得大气不出,一劲儿磕头。我一看,他们都有尾巴,我没有,怎么办呢?我就折了一根棕树叶,把叶片扯去,光留叶梗,用根麻绳拴在背后,看着又硬又长。他们一看我有这么好的尾巴,更恭敬我了。这几天居然有把真尾巴砍下去,为是安上棕叶梗,讨我的喜欢。你说可笑不可笑?这两天我正和他们开会商量怎么和狼王干一干。"

"你们会议也和学校里校长和先生的开会一样吧?"

"差不多,不过我们会议,只许我说话,不许别人出声!"张秃子说,摇着头非常得意。

"你要和狼王打起来,干得过他吗?"

"其实我们是白天出来,狼们是夜间出来,谁也遇不见谁,不会打起来。不过,我得好歹跟他们闹一回;要不然,猴子们可就看不起我啦!作王的就是有这个难处,非打仗,人们不佩服你!"

"你要真和狼王开仗的时候,我可以帮助你!"小坡很亲

109

热的说。

"那末，你没事吗？"

"哟！"小坡机灵的一下子，跳起来了，忽然想起嘐拉巴唧："有事！差点忘了！我说，你看见嘐拉巴唧没有？"

"看见了，在山洞睡觉呢。"

"这个糊涂鬼！把找老虎的事儿忘了！"

"干什么找老虎呀？"张秃子抓着胸脯，问。

"老虎把钩钩背去啦！"

张秃子噉噉的笑起来。

"你笑什么呢？"小坡看了看自己的身上，找不出可笑的地方来。

"他找老虎去？他叫老虎把钩钩背走的！"

"我不信！他一提钩钩便掉眼泪！再说，你怎么知道？"

"你不信？因为你还不晓得影儿国人们的脾气。他们一天没事儿作，所以非故意捣乱不可。他叫老虎把钩钩背去，好再去找老虎不答应。可是有一样，老虎也许一高兴，忘了这是嘐拉巴唧闹着玩呢，硬拉住钩钩不放手。"

"我真盼着老虎变了卦，好帮着嘐拉巴唧痛痛快快打一回！"小坡搓着手说。

"那么好啦，你跟我去看他吧。"张秃子骑上山羊，叫小坡骑在他后面，好似两人骑的自行车。走着走着，张秃子忽然问：

"小坡，看见小英没有？"

"干什么呀？"

"很想把她接作王妹，哎呀，王的妹妹该叫作什么呢？王的媳妇叫皇后，王的儿子叫太子，妹妹呢？"

小坡也想不起，只说了一句："小英恨你！"

"恨我？我作了猴王，她还能恨我？"

小坡没说什么。

走了半天，路上遇见许多猴子，全必恭必敬的，立在路旁，向他们行举手礼。张秃子睬也不睬的，仰着头，一手扶着羊角，一手抓着脖子。小坡一手扶着羊背，一手遮着嘴笑。

过了一个山环，树木更密了。穿过树林，有一片空场，有几队小猴正在操演；全把长尾巴围在腰间当皮带，上面挂着短刺刀。

过了空场，又是个山坡，上面有两排猴儿兵把着个洞门。洞门上有面大纸旗，写着两个大黑字："秃子"。

"到了！"张秃子说。

十五　狼猴大战

猴子们本来住在树林里，用不着盖什么房屋，找什么山洞的。张秃子虽变成猴子，但还一时住不惯树林，所以他把那个山洞收拾了一下，暂作为王宫。

洞真不小：一进门有三间大厅，厅里并没有桌椅，只在墙的中腰掏了些形似佛龛的小洞，猴王接客的时候，便一人坐在一个小洞里，看着很像一群小老佛爷。穿过大厅，还有两列房子。一列是只有四壁，并没有屋顶，坐在屋里，便可以直接看天；这是猴王的诸大臣的卧室；因为他们住惯了树林，一旦闷在屋里，有些不痛快；而且下雨的时候，不淋得精湿，也不舒服；出门入户的也觉得太麻烦；所以猴王下命，拆去屋顶，以示优遇。对面的一列是猴王住着的地方，确有屋顶，但是一连十几间，全没有隔断；因为猴王张秃子睡觉好打"把式"，既没有隔断，他便可以自由的从这头滚到那头。吃饭的时候，爱嚼着东西翻几个跟头呢，也全没有阻挡，而且可以把汤放在这头，把菜放在那头，来回跑着吃，也颇有趣。这列房的房顶上有许多小猴，一手拿着喇叭，一手遮在眉上往远处望着；若是有狼国人来行刺，或有别的野兽来偷东西，他们好吹喇叭警告山洞四围的卫兵。——张秃子自作了猴王以后，一点也不像先前那样胆粗气壮了！

这两列房后面有个花园，园里并没有花草，只在园门上张秃子用粉笔写了"花园"二字。张秃子游园的时候，随意指点着说："玫瑰很香很美呀！"随着他的人们，便赶快跑到他所指的地方细看一回，一齐说："真好！真好！"他们要不这样说，张秃子一生气，便把他们种在那里当花草儿。

张秃子领着小坡在洞内看了一遭，诸大臣都很恭敬的在后面随着。到花园里，小坡问："花草在哪里呢？"诸大臣全替他捏着一把儿汗。可是张秃子假装没听见，回过头来向大臣们说："谁叫你们跟着我呢？去！"诸大臣全弯着腰，夹着尾巴，慌忙跑去。

张秃子把小坡领回到大厅里。他自己坐在最大的一个龛里，正对着屋门。小坡坐在猴王的右手。门外来来往往的小猴们全偷着眼看小坡，不知他是猴王的什么人。张秃子板着脸，不肯多说话；怕小坡乱问，叫小猴们听见，不大好。正这么僵板的坐着，忽然进来一个猴兵，慌慌张张的，跑在大厅中间，说："报告！"

"什么事？"张秃子仰着脸，高声的问。

"不好了，大王！狼王派了八十万大军，打我们来了！"猴兵抹着眼泪说。

"你怎么知道？"张秃子问。

"我们捉住一个狼侦探，他说的！"

"他在哪儿呢？"

"在外面睡觉呢！"

"他睡觉吗，你怎会知道他们有八十万人马，啊？糊涂！不要脸！"张秃子扯着脖子喊，为是叫门外的小猴们全听得见。

猴兵抓着大腿，颤着说："大王！他要是不睡着，我们哪能拿得住他呢。我们捉住他，把他推醒，他就说：八十万人马！就又睡去了。"

"把他拿进来！"

"不行呀，大王！一动他就咬手哇！"

"怎么办呢？"张秃子低声的问小坡。

"咱们出去看看，好不好？"

"那不失身分吗？我是猴王啊，你要记清楚了！"

"你这些猴兵没有用，有什么法儿呢！"

"好吧，咱们出去看看。"张秃子说，然后很勇敢的问那个猴兵："把他捆好了没有呢？"

"捆好了，大王！"

"那么，捆他的时候，为什么不咬手呢？"

"大概他愿意叫人家捆起来,不喜欢叫人家挪动他;狼们都有些怪脾气呀,大王!"

"不要多说!"张秃子由墙上跳下来。

小坡遮着嘴笑了一阵。

随着猴兵,他们走出洞口,一队卫兵赶快跟在后面。到了空场,一群猴兵正交头接耳的嘀咕,见猴王到了,登时排好,把手贴在眉旁行礼。

"狼侦探在哪里呢?"张秃子问,态度还很严重,可是脸上有点发白。

队长赶快跑过来,用手一指,原来狼侦探在一块大石头上睡得正香呢。一根麻绳在狼身上放着,因为猴兵不敢过去捆他,只远远的把麻绳扔过去。张秃子打算凿猴兵的头几下,惩罚他报告不真,可是往四下一找,猴兵早已跑得没影儿了。

张秃子看着那群兵,那群兵瞧着张秃子,似乎没有人愿意去推醒狼侦探。

小坡看得不耐烦了,扯开大步,走到大石头前面,高声的喊:

"别睡了,醒醒!"

张秃子和兵们也慢慢的跟过来。

狼侦探张了张嘴,露出几个尖利的白牙。兵们又往后退了几步。

"起来!起来!"小坡说。

狼侦探打了个呵欠,伸了伸腰儿,歇松的说:"刚作个好梦,又把我吵醒了,不得人心!"

"你要是瞎说,我可打你!快起来!"

众猴兵一听小坡这样强硬，全向前走了两步，可是队长赶快叫了个："立——正！"于是大家全很勇敢的远远站住。

"你是哪里来的？"小坡问。

狼侦探不慌不忙的坐起来，从军衣中掏出个小纸本来，又从耳朵上拿下半根铅笔。他看了看小坡，又看了看大家。然后伸出长舌头来，把铅笔沾湿，没说什么，开始在小本上写字，写得很快。

"我问你的话，没听见是怎么着？"小坡有点生气了！

"等等，不忙！等我写完报告，再说。"狼侦探很不郑重的说，一边写，一边念道："有一块空场，场里有猴兵四十万。还有一小人，模样与猴兵略有不同，问我从哪里来的。此人之肉，或比猴兵的更好吃。好了！"狼侦探把小本放回去，铅笔插在耳上，向小坡说："你问我从哪儿来的？我是狼王特派的侦探！你似乎得给我行个礼才对！"

"胡说！"小坡又往前凑了一步："我问你，听着！你们有多少兵？"

"八百万大军！"

张秃子往前走了一步，立在小坡身后，说："八十万，还是八百万？"

"八十万和八百万有什么分别？反正都有个八字！"狼侦探笑了，笑得一点也不正当。

"你们什么时候发的兵？"小坡问。

"前天夜里狼王下的令，我们在山下找了一夜，没有看见一个猴兵。"

"怪不得前天夜里我听见狼嗥！"张秃子和小坡嘀咕。

"昨天白日我们依旧在山上找你们，走错了道儿，所以没遇见你们。昨日夜里还在山上绕，又没遇见你们。今天大家都走乏了，在山坡下睡觉呢。我作着梦走到这里，叫你们给吵醒了，不得人心！"

"你回去告诉他们，我们这里有——"小坡低声的问张秃子："说有多少兵？四八四十八万，行不行？"

张秃子接过来，高声喊道："回去告诉你的王，我们这里有四十八万人马，专等你们来，好打你们个唏里哗拉！你们要知道好歹，顶好回家睡觉去，省得挨打！听明白了没有？"

狼侦探恶意的吐了吐舌头，又把小本掏出来，写了几个字。写完了，也没给张秃子行礼，立起来，抖了抖毛儿，便得意扬扬的走下去。

张秃子楞了一会儿，看狼侦探已走远，高声的喊："吹号齐集人马！"然后指着一个小队长说："去请各位大臣到这里会议，快！"

号声紧跟着响了：嘀嗒——嘀嗒——嘀——！喝！四面八方，猴兵一队跟着一队，一营跟着一营，全跑向前来。前面的掌旗官都打着一大枝香蕉，香蕉的多少，便是军营的数目：有五个香蕉的，便是第五营，有十九个香蕉的，便是第十九营。军队陆续前来，路上黄尘滚滚，把四面的青山都遮住，看不见了。每营的人数不齐，有的五个，有的五百，有的兵都告假，只有掌旗官，打着枝香蕉，慌忙跑来。兵们有的扛着枪，有的抱着个小猴，有的拿着本《国语教科书》。马兵全骑着山羊，比步兵走得还慢，因为——快跑，兵便从羊背上噗咚噗咚的摔下来。

人马到齐，张秃子骑上长角山羊，跳动着，左右前后的，穿营过队的，检阅了一番。猴兵全直溜溜的站着，把手放在眉旁行礼。掌旗官们把香蕉枝子举得笔直，工夫太大了，手有点发酸，于是把枝上的香蕉摘下几个来，吃着，以减轻重量；这样一来，军营的次数也乱了，好在也没人过问。这时候诸大臣全慢条斯礼的来到，向张秃子深深的鞠躬。张秃子下了战马，坐在石头上，对他们说：

"现在开会，大家不要出声，听我一个人说！现在狼王故意——"他想不起说什么好。诸大臣都弯着腰，低着头说："故意——"张秃子忽然想起来："故意和我们捣乱，我们非痛打他们一回不可！你们带一营人去看守王宫，好好用心看着，听见没有？"

诸大臣连连点头。内中有个聋子，什么也没听见，但也连连点头。他们又深深鞠躬，然后带了一营人马，回宫去看守。

张秃子又喊："各营营长！"

营长都慌忙走上前来，有的因为指挥刀太长，绊得一溜一溜的摔跟头，摔得满脸是黄土。

张秃子问他们："哪边狼兵最多？是东边？"

众营长一齐拔出指挥刀，向东边指着。张秃子说："还是西边？"大家的刀往西指。"还是南边？"大家的刀往南指。"还是北边？"大家的刀往北指。"这样看，四面都有狼兵了？"大家的刀在空中抡了个圈儿。

小坡双手遮着嘴笑开了。

"你们三营到东边去，守住东山坡！"张秃子指着东边说。

三个营长行了礼，跑回去，领着三营兵往西边去了。

"你们三营往西边去,守住西山口!"张秃子指着西边说。

三个营长行了礼,跑回去,领着三营兵往东边去了。

小坡低声问:"你叫他们往东,他们偏往西,叫他们往西,他们偏往东,是怎回事呀?"

"一打起仗来,军官就不好管了,随他们的便吧!好在一边三营,到那边去也是一样。你要一叫真儿,你们便不去打仗,回来把王杀了;然后迎接狼王作他们的皇帝,随他们的便吧!"

张秃子把人马派出去,带着卫队和四五营马兵,到山顶上去观望。

"我说,我乘着狼们还睡觉,去给他们个冷不防,打他们一阵,好不好?"小坡问猴王。

"你先等等吧!狼们是真睡了不是,简直的不敢保准!"张秃子很精细的样子说。

"那么,应当派几个侦擦去看看哪!"小坡说。

"对呀!哼,一慌,把派侦探也忘了!"张秃子说着指定两个卫兵:"你们到东山去看看,狼们是睡觉呢,还是醒着呢!"

"他们一定是睡呢,大王!不必去看。"两个兵含着泪说。

"我叫你们去!"

"大王,我们的脚有点毛病,跑不快啊!请派两个马兵吧!"

"没用的东西!"张秃子说:"过来两个马兵!"

马兵一听,全慌忙跳下马来,一齐说:"我们情愿改当步兵呀，大王！"

"营长，把他们带到空场去，一人打五个耳瓜子！"张秃子下令。

"大王呀，饶恕这回吧！"营长央求："平日我们都喜欢当侦探玩，但是一到真打仗啊，当侦探玩真有危险呀！顶好大王爬到树上去，拿个望远镜往远处看一看，也可以了！"

张秃子没有言语。

小坡本想先给营长两拳，可是一见猴王不发作，也就没伸手。

过了一会儿，张秃子说："哪里有望远镜呢？"

大家都彼此对问："哪里有望远镜呢？"

有一个卫兵看见小坡脑后的眼镜，赶紧往前迈了一步："报告！大王旁边这位先生有望远镜！"

小坡忽然想起来："我说，嘧拉巴唧呢？这是他的眼镜。"

"他在洞里睡觉呢，你刚才没看见吗？"张秃子说。

"没有！你不告诉我，他在哪间屋子里，我怎能知道呢！"

"先不用管他，把镜子借给我吧！"

"这是眼镜！有什么用！"小坡说。

"大王！眼镜也可假装作望远镜呀！"一个营长这样说。

小坡赌气子把眼镜递给张秃子。

张秃子戴上镜子，往一棵椰树上爬。爬到尖上，不敢往下瞧，因为眼晕；只好往天上看："不好了，黑云真厚，要下大雨了！营长！快到宫里取我的雨伞来！"

"影儿国的雨是干的，不用打伞！"小坡说。

"我打伞不为挡雨，是为挡着雷！"

喝！天上黑云果然很厚，一团一团，来回乱挤。远处的已联成一片灰色，越远越白，白亮亮的在远山上横着。忽然一阵凉风，黑云跑得更快了，山上的椰树，叶子歪在一边，刷刷的在雾气中响。远处忽然一个白闪，把白亮亮的雨云打开几道长而颤动的缝子。跟着咯嚓嚓一个雷，雨点斜着下来，在山上横着溅起一溜白烟。又一个闪，在可怕的黑云上开了个大红三角。咯嚓！咕隆，咕隆，雷声由近处往远处走，好像追着什么东西！看不出雨点来了，只是一片灰色！里面卷着些乱动的树影。

咯嚓！张秃子一缩脖，由树上掉下来。

雨确是干的，打到身上一点也不湿，可是猴儿们（胆子大的）开始东搓西挠的似乎是洗澡呢，洗得很痛快。有的居然拿出胰子来往头上搓。胆儿小的猴子们全闭上了眼，双手堵住耳朵，不住的叫："老天爷，不要霹我呀，我是好人哪！"

小坡坐在大石头上，仰着头看，打一个大闪，他叫一声"好！"

过了一会儿，雨声小一点了。黑云带着雷电慢慢往远处滚。远处的山尖上，忽然在灰云边上露出一缕儿阳光，把椰树照得绿玻璃似的。

张秃子听着雷声小了，叹了一口气。忽然由山下跑来一个猴儿兵，跑得满头是汗，喝喝带喘。见了张秃子，张了几次嘴，才说出话来：

"大，大，大王！不好了！东山的兵们一打雷全吓傻了，叫狼兵把他们生擒活捉全拿去了！"

"你怎么能跑回来呢？"张秃子问。

"我吓晕了，倒在地上，狼兵以为我死了，所以没拿去!"

张秃子回头喊:"三营马兵赶快到东山,救回他们!快!"

三个营长上了马,带着队伍往西去了。一边走一边说:"西边比较的平安一些!"

又跑来个猴兵,也跑得惊鸡似的,跪在猴王面前:"报告!北边的军队全投了狼王,带着狼兵快杀到王宫了!"

张秃子的颜色转了,低声的问小坡,"咱们也跑吧?"

"非打一回不可!"小坡很坚决的说。

说话之间,又跑来一个小猴,说:

"大王,不好了!狼兵已打进王宫!那个嘟拉巴唧原来是狼王变的,他已经把大王的香蕉全吃净了!"

张秃子吓得手足失措,正想不起主意来,只见西南北三路,猴兵全败下来,有的往树上逃命,有的往绿棵子乱藏,有的坐在石头上遮着脸等死,只有南路的兵还好一些,且战且走,没完全溃散。

小坡由猴兵手里抢过一条木棍,对张秃子说:"走啊,帮助南路的兵去啊!"

张秃子上了战马,带着卫队和一些马兵,随着小坡往南杀。一会儿就和他们自己的兵合在一块,小坡手抢木棍,冲上前去,众猴兵齐声呐喊,跟着往前杀。狼兵是一声不出,死往上攻。小坡的木棒东抢西打,哪,哪,哪!在狼头上乱敲。狼们一点不怕,钩钩着眼睛,张着大嘴,往前叼猴儿的腿。

猴兵退了三次,进了三次,双方谁也不肯放松一步。

小坡正打得高兴,忽然背后大乱,回头一看,可了不得啦！北方的狼也攻上来，把他们夹在中间，跟着，东西两面的狼兵也上来了，把猴兵团团围住，没法逃生。小坡闭上眼睛，双手抡木棍，只听见唧，唧，唧，唧乱响，不知到底打着谁了。张秃子也真急了，把王冠也扔了，一手拿着一枝木棍乱抡。抡了一会儿，哼！跨下的山羊被狼叼了去；幸而跳得快，还没倒在地上。小坡呢，抡着抡着，手中的木棍碎了！睁眼一看，四面全是狼，全红着眼睛向他奔。小坡也有点心慌了，东遮西挡的不叫狼咬着。"张秃子！咱们怎么办呢?!"

张秃子还抡着木棍，喊：

"换片子啦！"

这样一喊，忽然狼也没有了，山也没有了，树也没有了，张秃子也不是猴儿了，依然是张秃子。

远远的唏拉巴唧一瘸一拐的来了。

十六　求　救

小坡和张秃子坐在地上，张着嘴喘气，谁也说不出话来。唏拉巴唧跑过来，坐下，也一声不发；只由张秃子脸上把眼镜摘下来，他自己戴上。三人这样坐了好久，每人出了几身透汗，张秃子说了：

"唏拉巴唧！你还算个好人？好好的款待你，你反倒变成狼王，抢我的王宫！"

嘪拉巴唧的眼珠转得很快,带出很惊讶的样儿,说:"我什么时候变狼来着?你怎么知道我一定变狼?就是我爱变着玩吧,什么不可以变,单单的变狼?喽!"

　　"大概是狼王变成嘪拉巴唧,诈进了王宫,嘪拉巴唧并不知道。"小坡给他们调解:"现在咱们已经换了片子,就不用再提那些事了!"

　　张秃子慢慢的站起来,瞪了嘪拉巴唧一眼,说:

　　"小坡,再见吧!我还是回狼山去!"

　　"你?一个人去打狼?"

　　"非报仇不可!非夺回王宫不可!"张秃子晃着秃脑袋,似乎有作王的瘾头儿。

　　"你打得过他们吗?"小坡还没有忘记狼兵的厉害。

　　"我自有办法!我也会变成嘪拉巴唧,去和狼王交朋友,乘冷不防咬下他一个耳朵来!"

　　小坡虽然以为张秃子的计划不甚光明正大,可是很佩服他有这样的胆量。

　　嘪拉巴唧委委屈屈的叨唠:"你也变嘪拉巴唧,他也变嘪拉巴唧,谁也不来帮助帮助嘪拉巴唧!"他捶了胸口两下,捶出许多怨气。

　　小坡看他怪可怜的,赶紧说:"我帮助你,嘪拉巴唧!不要发愁啊,愁病了又得吃药,多么苦哇!"

　　嘪拉巴唧听了这片好话,更觉得委屈了,落下好多大颗的眼泪来,摘下草帽来接着,省得落在衣服上。

　　小坡看他哭了,自己也好似有点难过,也红了眼圈。

　　"再见,小坡!"张秃子挺着胸脯儿就走,也没招呼嘪拉巴唧一声儿。

"我说，张秃子，咱们学校里见啦!"小坡说。

"不用再提学校! 作了猴王还上学?"

"先生要问你呢? 要给你记过呢?"

"给我记过? 带些猴兵把学校拆了!"

"你敢!"小坡也立起来。

"你看我敢不敢!"张秃子一边说一边走。

"好啦，等着你的! 看先生不拿教鞭抽你一顿好的才怪!"

"不怕! 不怕!"张秃子回头向小坡吐了吐舌头。

"爱怕不怕! 破秃子，坏秃子，猴秃子!"小坡希望张秃子回来，和他打一场儿；可是张秃子一直走下去，好像很有打胜狼王的把握。

小坡看张秃子走远啦，问唧拉巴唧："你刚才上那儿了? 叫我各处找你!"

"我上哪儿了? 你上哪儿啦? 我问你!"唧拉巴唧撅着乖乖说。

"我上狼山找你去啦!"

"我上虎山找钩钩去啦!"

"找着了她没有呢?"

"找着她，我还在这儿干什么，糊涂!"

"老虎把她留下了?"小坡忍着气问。

"钩钩自己不愿意回来!"唧拉巴唧把草帽一歪，倒出一汪儿眼泪，然后又接好，从新落比花生米还大的泪珠儿。

"这么说，不是老虎的错儿了?"

"那还能是钩钩的错儿吗?"

小坡有点发糊涂，没说什么，看着自己的手。两手，因和狼们打了半天，很不干净，拿起草帽用眼泪洗了洗。喝拉巴唧的眼泪很滑溜，好像加了香胰子似的，洗完了，在裤子上擦了擦，然后剔着指甲，叨唠："到底是谁的错儿呢？我的？你的？他的？我们的？你们的？他们的？张秃子的？南星的？三多家里糟老头子的？"

"正是他！"喝拉巴唧忽然站起来说："要不是他给老虎出主意，老虎那能留住钩钩！"

"你刚才不是说，钩钩自己不愿意回来吗？"小坡问。

"你要是这么来回绕圈儿问我，我可要疯了！"喝拉巴唧急扯白脸的说。

"你要是这么绕着圈儿回答我，我可也要疯了！"小坡笑着说："我要是疯了，要变成一钉点的一个小蚊子，专叮你的鼻子尖，看你怎么办！"

"不要变吧，我好好告诉你！"喝拉巴唧似乎很怕蚊子，赶紧用手遮住鼻子说："钩钩自从到虎山上，就想回来找我，老虎也有意把她送回来。可是那个糟老头子给老虎出了主意，叫他留住钩钩，给山上的小老虎们作衣裳，洗袜子什么的。于是老虎就变了卦，天天假意的带着她逛山，给她拿树叶作了件花袍子，又给了她许多玩艺儿。可是钩钩还想回家，老虎就又和糟老头子要主意，糟老头子就偷偷的给钩钩一碗迷魂药儿喝。"

"什么是迷魂药呀？"小坡问。

"就是龙井茶里对点冰吉凌！喝了这个，她就把家也忘了，把我也忘了，把什么都忘了，一心愿住在山上！你说怎么好？！"

"可怜的钩钩！喝龙井冰吉凌！"小坡低声儿说。

"怎么办呢?"唧拉巴唧没有注意小坡说什么。

"咱们走哇,打倒老虎去!"

"不行啊!干不过他呀!"

"咱们不会向他捏鼻子吗?他最怕那个,是不是?"小坡问。

"捏鼻子也没用了!糟老头子给他出了主意:叫老虎向我捏鼻子!你不知道,老虎捏鼻子比什么也可怕!"唧拉巴唧说着,直打冷战。

"糟老头子是老虎什么人呢?他为什么不在三多家里,去到虎山呢?"

"他是老虎的老师,白天他教三多,晚上作梦的时候就来教老虎。老虎不怕别人,就是怕他,糟老头子!"

"那么现在咱们是作梦哪?"

"可不是!生命是梦的材料作成的,莎士比亚这么说。你知道莎士比亚?"唧拉巴唧点头咂嘴的说。

"知道!我喝过'莎士'汽水!"

"噢!"唧拉巴唧颇有点佩服小坡的知识丰富。待了半天,他说:"小坡,你得想法子多多的找人去打老虎啊!"

"一定!"小坡想了半天,忽然想起来:"这么办吧,你在这里等着我,我去找南星他们。南星会驶火车,也坐过火车。还有两个马来小姑娘也很有'杜撰儿'。妹妹仙坡也会出主意。"

"人越多越好呀!你去,我在这儿等着你!"

"这儿到底是什么地方呢?"小坡问。

"那张地图呢?"唧拉巴唧想起来。

"哟!哟!"小坡的脸红得像个老茄子似的:"在狼山打

仗，丢了！"

"好啦！以后只有狼们知道地名了，地图一定被他们捡去了！这么办吧，你一直往东去，到了新加坡，再一直的回来，直来直去，还不容易吗？"

"不用拐湾儿行吗？"

"行！小孩儿们都应当走直道儿！"

"那么，我就走吧？"

"快去快回来！要是等我把钩钩忘了，你回来可也没用了！"唧拉巴唧本想和小坡握手，无心中打了小坡一个耳瓜子。小坡也跳起来，给唧拉巴唧一掌。两人分了手。

小坡踢着块砖头儿，踢一下，往前赶几步；又踢一下，又往前赶几步。这样，不大一会儿，就到了新加坡的大马路。正是半夜里，街道两旁的灯光很亮，可是除了几个巡警，和看门的老印度，只看见些关着门的铺户，一点儿也不像白天里那么花哨好看。小坡心里说：我要是赶明儿开个铺子呀，一定要黑天白日老开着；关上门多么不好看！

房脊上有些小猫，喵喵的叫着，大概是练习唱歌呢。小坡不由的叫出来："二喜！二喜！你也在这儿唱歌哪？"等了会儿，小猫们全跑开了，他说："二喜大概和妹妹一块睡觉呢，赶紧走吧！"

走到了家，街门已经关好，小坡用头轻轻一碰，门就软乎乎的开了。他轻手蹑脚的去找仙坡，仙坡正睡得很香，小鼻子翅儿一松一紧的有些响声，嚇呼，嚇呼，嚇呼，小坡推了她一下，低声的说："妹妹，仙！起来，到虎山去救钩钩，快！"

仙坡坐起来点了点头，并没睁眼。小坡把小褂给她披上。她一声没出，拉着小坡便往外走。

出了门，本想先找南星去，没想到走了不远，正遇上他。不只南星一个，两个小印度，（印度小姑娘可是没在那儿。）两个马来小姑娘，三多和妹妹，全在那块学猫叫呢。

小坡喵了一声。

大家看见小坡，全扭过头去，给他个脑瓢儿看。小坡很纳闷，为什么大家这样对待他。

"不用理他！不跟他玩！"南星细声细气学着猫的腔调，这样故意的卖嚷嚷。

"过生日，不告诉我们一声儿，一个人把好东西都吃了！"两个小印度帮着腔儿。

仙坡睁开一只眼，过去问两个马来小妞："是不是二喜告诉你们的？"

两个小妞彼此看了一眼，一齐说："要不是二喜来告诉我们，今天是小坡的生日，我们还想不起学猫叫呢。"好像过生日和学猫叫大有关系似的。

"赶明儿糟老头子过生日，我又得给他磕头！"三多哭丧着脸说。

"顶好乘磕头的时候，爬过去，咬他脚面两口！"南星说，看着小坡。

"我现在就敢去打糟老头子，你们谁有胆子跟我一块儿去?！"小坡问。

大家听了，登时都向小坡伸出大拇指，似乎忘了不满意他的过生日没通知他们了。

"凡是你敢去的地方，我就敢去！"南星嚷着说，一高兴也忘了细声的学猫叫了。

"糟老头子没在家,你们去也是白去。"三多说。

"我自然知道他在哪里呢!"小坡说。

"他许又上虎山啦吧?"三多的妹妹问她哥哥。

三多点了点头,然后仰着头看了看天上的星星,说:"哼,现在他正教小老虎们算术呢!"

"可惜张秃子没来,他最会和算术先生捣乱!七七是两个七什么的。"小坡自言自语的说。

"你们说的都是哪儿的话呀?一点不懂!不懂!"南星很着急的说。

"大家站成个圆圈,听我告诉你们。"小坡说。

大家站成个圆圈,都手拉着手儿,听小坡说,他一五一十的把嘟拉巴唧和钩钩的事儿告诉了他们一遍。

南星听得真高兴,跳起来喊:"咱们走呀!打呀!反正糟老头子在虎山,不能还带着大烟袋;只要没大烟袋,咱一点也不怕他!走呀!"

"没有大烟袋,可是有老虎呢!"两个马来小妞慢慢的说。

"我准知道老虎比大烟袋厉害!"一个小印度补了这么一句。

"那里要是有四眼虎,我可不敢去!"仙坡拉着马来小妞的手说。

"你们不去,就回家睡觉去,我一个人去,看老虎把我怎样得了!"南星拍着胸脯,大有看不起他们的神气。

"去是一定要去的,可是咱们得先商量个办法。"小坡说。

"得先商量个办法!"大家,除了南星,一齐这么答腔儿。

大家全仰着头想主意。天上的星星都向他们挤眼,他们也向星星们挤眼,谁也想不出高明招儿来。

"你们知道老虎的事儿,说话呀!"小坡对两个小印度说。

"知道老虎,可是没和老虎打过仗,对不起呀!"两个小印度很客气的回答。

"你们呢?"小坡问两个马来小姑娘。

"我们哪?"她们彼此看了一眼,慢慢的说:"有主意,就是不告诉你们!"

"不告诉我们,从此再不背着你们上学了!"南星吓唬她们。

她们又彼此看了一眼,"那末,咱们告诉他们吧?"两个同时点了点头,一齐对仙坡说,好像不屑于跟男孩儿们说话似的:"咱们都变成小老虎,偷偷混进虎山去,和小老虎们一同学算术。然后咱们跟糟老头子捣乱。小老虎们也一定学我们的样子。老头子一生气,必定打他们;把他们打急了,他们还不咬老头子?把老头子咬坏,大老虎就没有帮手了。这样,我们不是可以救出钩钩来吗?"

大家听了,一齐鼓掌。马来小妞们仰头看着天,态度非常的傲慢。

南星慌忙跪在地上,摇晃着脑袋,不住的叫"变!变!"

"知道老虎是什么样儿吗?就变?"马来小姑娘撇着嘴说。

"父亲说过:照猫画虎。咱们先变成猫,大概就离虎不远了!"小坡提议。

"来！变！"南星真变成一只大黑猫。

"再变大一点！再加上点黄毛儿！"两个小印度给南星出主意。

一展眼的工夫，大家全变成大猫。

三多变得很好，可惜只有一只眼睛，因为他是按着家中老猫的样子变的。

十七　往虎山去

大家变成猫，高兴的了不得，一齐喵了一声。这一叫不要紧哪，喝！四面八方，房脊上，树枝上，墙上，地上，全喵起来了，大概新加坡所有的猫，老的，少的，丑的，俊的，黑白花的，通身白的，一个没剩，全来了！这群猫全撅着尾巴往前走，不大一会儿，就把小坡们给围在中间，里三层，外三层，围得水泄不通。围好之后，他们全双腿儿坐下，把一个前腿举到耳旁，一齐说："推举代表！"说完，把前腿放下去，大家开始你挤我，我推你，彼此乱推。推了半天，把前面的一只瘦而无力的老猫给推出去了。大家又一齐喊："代表推出来了，去，跟他们交涉！"

南星看着这样推举代表有点可笑，赶紧给他们鼓掌，可惜手已变成猫掌，软乎乎的怎么也拍不响；于是他又高声的喵了两声。

"不要吵！不许出声！"那个瘦猫代表瞪着南星说。然后，慢条斯礼的走过来，闻了闻小坡们的鼻子，说："你们的代表是谁？"说话的时候，几根稀胡子撅撅着，耳朵轻轻的动弹，神气非常的傲慢。

"我们都是代表！"小坡们一齐说。

"都是代表？"老猫往四围看了一眼，似乎是没了主意。

"都是代表就省得推了！"一个狐狸皮的猫说。

老猫点了点头，喉中唔喽了半天，说："你们好大胆子呀！没有得我们的允许，就敢变成猫，还外带着变成很大的猫！冒充大猫，应当何罪！啊！"老猫似乎越说越生气，两眼瞪得滴溜儿圆，好像两个绿珠子。

四外的猫们听了，非常得意，嗓子里全唔唔喽喽响起来。

"跟他们打呀！"南星向小坡嘀咕。

"他们人太多呀！"小坡低声的说，然后问两个马来小妞："你们有主意没有？"

"咱们先洗脸吧，一边洗一边想好主意；也许他们一看咱们会洗脸，就以为咱们是真猫了。"她们揪着小坡的尾巴说。

"洗脸哪！"小坡下了命令。

大家全抬起前掌来，沾了点唾沫，从耳后滑到鼻梁，又从鼻梁绕到耳后，洗得颇有趣味；一边儿洗一边想逃走的主意。

南星想不起主意，一着急，把两条前腿全抬来，按着在家中洗脸的样儿，两手齐用，东一把西一把的洗起来。

"看哪！"老猫向四围笑了笑，说："可有两手一齐洗脸的猫？！我们怎么办？还是咬下他们的耳朵呢，还是咬下尾巴,叫他们当秃猫呢?"

仙坡忙着把尾巴藏在身底下,双手遮住耳朵,低声的向小坡说:"二哥!快想主意呀!他们要咬耳朵呢!"

小坡不慌不忙的抬头看了看树上,又看了看房顶,忽然喊了一声:"老鼠!"

四围的猫登时把耳朵全竖起来,腰儿躬着,眼睛往四外瞭。

"树上一个!房上三个!"小坡指点着说。

猫们也没等代表下命令,全争着往树上房上蹿。

南星过去给猫代表一个嘴巴,扯起三多就跑。三多只有一只眼睛看不清道路,一溜歪斜的直摔跟头。

大家拚命的跑。乍变成猫,两眼离地太近,都有点发晕。于是大家全闭上眼睛,瞎跑。

"二哥,"仙坡闭着眼,喘吁吁的问:"跑到哪儿啦?"

"睁开眼看哪!"小坡向大家说。

大家全站住了,睁开眼一看,面前是一座高山。山上满安着电灯,把山道照得清清楚楚的,路旁的绿树在灯光下摆动,好像一片绿云彩似的。路上隔不远儿,就有只长角的大梅花鹿,角上挂着指挥刀,大概是此地的巡警。

"这就是虎山吧?咱们找糟老头子去呀!"南星非常的高兴。

"等我问问巡警去。"小坡说。

"我也去!"南星说。

他们俩走上前去,向梅花鹿点了点头。

"请问这是虎山不是的呀?"小坡很客气的问。

梅花鹿哞了一声。

"老虎学校在那儿呀?"

鹿用大犄角向山左边指了指,又咩了一声。

"学校里的教员是个糟老头子不是?"南星问。

鹿又咩了一声。

"老鹿你真有意思,我骑你一会儿行不行呀?"南星说着就要往起蹿。

老鹿瞪了南星一眼,摇了摇头。

"南星!好好的!"小坡说。

老鹿很客气的向小坡咩了一声。

小坡向老鹿行了个举手礼,就往回走,南星在后面跟着,很不满意小坡拦住他骑鹿。

"这儿是虎山不是呀?"仙坡问。

"是虎山,老虎学校就离这儿不远,"小坡说。

"要是离老虎学校不远的话呀,"三多想起糟老头子的可怕:"我顶好回家去睡会儿觉。"

"你要爱睡觉哇,早就不该来!"两个小印度一块儿说。

三多不言语了,用那只瞎眼瞪了他们一下。

"你们还麻烦什么呢,不快快的去打糟老头子!"南星很着急的说。

"不行呀,咱们得先找嗐拉巴唧去,没有他,咱们怎认识大老虎和钩钩呢?"小坡说。

"那末就找他去吧!"南星说。

"可是,他在哪儿呢?"小坡因为瞎跑了一阵,忘了嗐拉巴唧在什么地方了。

"谁知道呢!"两个马来小姑娘酸酸的一笑。

"还得问巡警去,我看。"小坡说,脸上有点发红。

大家没说什么，一齐上山道中找巡警。

见了挂刀的梅花鹿，大家一齐问：

"啰拉巴唧在哪儿呢？"

老鹿向他咩了一声，不住的摇头。

"得！老鹿也不知道！"南星说。

"老鹿怎就该知道呢！"两个马来小妞低声的说。

"我们找他去吧！"小坡说。

"来，坐火车去，我开车！"南星跟着"门！"了一声，把梅花鹿吓得直往起跳。

"又是你开车！要命也不坐火车！"两个马来小妞说。

"不坐，拉倒！我一个人开，更快！"南星说着就往山下跑，嘴中七咚七咚的响。

"南星！回来！你知道往哪边去吗？"小坡喊。

"我不知道，你知道吗？"南星回着头儿嚷。

小坡没有话可说。

"反正大家都不知道，就跟着南星跑吧，也许半道儿上遇见啰拉巴唧！"两个小印度说着赶上前去，拉住南星的尾巴。

别人也没有高明主意，只好全赶上去，拉着尾巴，一串儿往前跑。

"大家可往左右看着点呀，看见戴草帽的就是啰拉巴唧！"小坡在后面嚷。

大家往左一扭头，往右一扭头，不顾得再看前面。跑着跑着，南星的脑门正撞在一棵老树上，幸而大家都变成猫，手脚灵利，除了南星倒在树根上，大家全七手八脚的上了树。

南星脑门上碰了个大包，一边用手摸，一边叨唠："乱出主意！开火车不往前看着！哪有的事！哪有的事！"

大家由树上跳下来，争着用猫手给南星按摸脑门上的大包。急于给他的包儿按平了，大家未免用力过猛了些，咕咻一声，把脑门上的包按到脑杓儿上去。"好了！好了！"大家一齐说。

南星摸了摸脑门，果然平了，也就不去管脑后是肿着还是平着，又预备好开车的架势。

"别开车了，这样一辈子也找不着唱拉巴唧。"小坡向大家说。

"怎么办呢？"大家一齐问。

"咱们坐在这儿等他好啦，反正他得到虎山来，是不是？"小坡蹲在一块石头上说。

"也好，"两个马来小妞说，她们是最不喜欢坐火车的。

大家都背靠背儿坐在大石头上，石头有点儿凉，于是全把尾巴垫在身底下。

坐了一会儿，凉风儿吹来，大家全有点发困。南星是头一个，把头低下去，闭上眼睛。待了会儿，他又慢慢的卧下去，把嘴藏在胸前的厚毛上，稳稳当当的睡去。大家也照着他的样儿，全卧下去睡。

仙坡没有十分睡熟，听见地上噗咚噗咚的轻轻的响。她慢慢睁开眼，偷偷的往外看。可不得了，有四五个小老虎，（长得和猫差不多，可是"个子"大，脖子粗，眼睛像小电灯似的发光。）全背着书包，戴着童子军帽，向他们走来，仙坡连一根毛也不敢动弹，只是偷偷的看着：小虎们走到他们前面便站住了。仙坡赶紧闭上眼，不敢再看，听着小虎们说话：

"这些小孩是干什么的呢？"

"也是学生吧？"

"不能，没有书包呀！"

"也许不是虎，看他们的身量多小啊！"

"还有个瞎子！看！"

仙坡偷偷的睁开一只眼看，所以小老虎以为她是瞎子呢。她赶紧把眼闭上，听着：

"问问他们是干什么的，好不好？"

"先把他们围好，别叫他们跑了！"

小虎们把他们围好，一齐嚷："别睡哩！你们是干什么的？说！"

大家全醒过来，楞眼巴唧的看着小虎们。

"说话呀！"小虎们说。

"你问我们哪？"南星说："我们问谁呢？"

小老虎们全摘了帽，抓了抓头，似乎不大明白南星的话。

"我们是小老虎！"小坡说。

"你们的书呢？"小虎中的一个问小坡。

"书？在学校里呢。"

小虎们嘀咕了半天，有一个由书包里掏出一本黄皮书来，掀了几篇，问小坡："你们的第七课是什么？"

"第七课？"小坡想了半天："你们的第七课是什么？"

"我就始终没念到第七课！"南星插嘴说。

"听着！"小虎瞪了南星一眼，然后有腔有调的念："第七课：人，猫，狗，都好吃！捉住一个吃一个，捉住两个吃一双。吃完了,肚儿圆,嘴儿光!"小虎念完,把书放在地上,抿着嘴笑了一阵。

仙坡吓得心里直哆嗦。两个马来小妞挤在一块,不敢出声。

"我们的第七课不是这样!"小坡高声的说:"你们听着!第七课:糟老头子,真好吃!捉住一个吃一个,捉住——有两个没有呢?"他回头问南星。

"三多知道!"南星说。

"有一个就够受的了,还要两个?"三多颤着声儿说。

"捉住一个吃一个,捉住两个,捉不着两个,因为只有一个!捉不着,吹,拉倒,唏里花拉一大堆!"小坡说完,吹了对面小虎的鼻梁儿一下。

小老虎们听了这课书,大家又嘀咕起来。老虎的脖子粗,气儿壮,虽然是嘀咕,声儿可还不小:

"他们敢吃糟老头子!"

"敢吃糟老头子!!"

"胆量不小!"

"可佩服!"

"叫他们跟咱们一块儿玩吧?"

"一定!请他们教给咱们怎么吃糟老头子?"

"沾点酱油醋什么的,也许不难吃?"

"顶好加点咖喱,辣辣的!"南星答了腔。

"他们愿意跟咱们玩吗?"一个老虎小姑娘说。

"当然愿意!"小坡很客气的说。

"那末,就请吧,请到我们山洞里,玩一玩去!"

"请!请!"小坡们说。

十八 醒 了

小老虎们看着虽然个子很大,可是岁数都很小,说话行事有些"傻拉光鸡"的。南星是多么糊涂啊,可是跟小虎们一块儿玩,他居然显出很聪明鬼道的样儿来。至于小坡,那更不用说了,他出口气儿,都好似,在小虎们看,有顶大的价值和作用。仙坡和两个马来小妞也十分叫好,小虎们争着管她们叫姐姐。三多的妹妹向来是大气不出的老实头,也居然敢叫小虎们称呼她作姑姑!

他们在山洞里玩了半天"摸老瞎",——三多老作瞎子。因为他只有一只眼,又跑得慢,始终捉不到别人。把"摸老瞎"玩腻了,小虎们请小坡画图,于是他得意非常的画了一山洞的小兔儿。

"到你们的学校去看看,好不好?"南星看小坡画兔,已经看厌烦了,这样问。

"不用吧!好容易刚出来,再叫糟老头子给捉进去,可不是玩的!"小虎们说。

"不要紧哪,咱们跳在墙头上看一看,不用进去呀!"南星是急于找着糟老头子,看看他怎样教老虎们念书。

"你们去吧,我在这里等着。"三多的心里怕糟老头子。

"不必害怕,三多,有我呢!"小坡说。

三多挤咕着瞎眼睛,低声儿说:"你们一定叫我去,就去吧!"

大家出了山洞,顺着山路走,路上的鹿巡警已经全卧在路旁打盹儿。南星看出便宜来,跳上鹿背骑了一会儿,老鹿也没言语。

老虎学校是在一个山环里,门口悬着一块大木匾。上面写着校训(是糟老头子的笔迹,三多认识):"不念就打!"他们跳上墙去往里看:校门里有一块空地,好像是运动场,可是没有足球门,篮球筐子什么的,只有几排比胳臂还粗的木桩子,上面还拴着几条小虎。他们都落着泪,在桩子四围乱转。

"老头子又生气了!"墙上的小虎们低声的说:"看,他们还在这儿拴着呢,大概是没算上算学题目来,不准回家吃饭!"

这片空场后面,是一个小树林,树上正开着些白花。小坡往四外看了半天,找不到讲堂,他问小虎们:"讲堂呢?"

"这就是呀!"小虎们指着那块空地说:"那些木桩便是我们的座位,一进学校门,老头子就把我们拴上,多喒背上书来,多喒放开。"

"噢!"小坡心中也有点害怕。

"小坡!小坡!"从墙根下发出这个声音。

"谁呀?"小坡轻轻的问。

"我!"好像嘟拉巴唧的声儿。

小坡探着头儿看,可不是,嘟拉巴唧在靠墙根的一根木桩上拴着呢。

"你怎么叫人家给捉住啦?"小坡问。

"先把我放开再说吧!"嘟拉巴唧委委屈屈的说。

"谁带着刀子呢？去把他的绳子拉断了！"小坡问。大家一齐摇头。

"你们戴着童子军帽儿，怎么不带刀子呢？"小坡问小虎们。

"我们的牙比刀子还快，干什么还带刀子？"小虎们很得意的说，说完，全张开大嘴，露出白牙来。

"快一点呀！"嘐拉巴唧在底下央求。

"你们下去咬断他的绳子呀！"南星向小虎们说。

"万一叫糟老头子看见呢！"他们这样推辞。

三多听见他们说糟老头子，打了一个冷战，整个的"毛朝下"由墙头掉下去了，正掉在嘐拉巴唧的脊梁上。嘐拉巴唧拉住三多说："你要是没带刀子呀，咱们俩就一齐往起活动这个木桩，把木桩拔起来，我也就可以跑啦。"

"就是拔起木桩，绳子不是还在你脖子上拴着吗？"三多问。

"那你就不用管啦！"嘐拉巴唧很着急的说。

三多没再说什么，同嘐拉巴唧一齐用力摇动木桩子。

小坡和南星的胆子大，也跳下去帮着他们。人多好办事，不大的工夫，木桩已有些活动气儿了。大家继续用力摇，小坡低声喊着，左！右！左！右！好叫大伙儿一齐向同一方向用力。南星不大辨得清左右，于是他接过来叫：瞎子！嘐拉巴唧！瞎子！嘐拉巴唧！因为三多是站在左边，嘐拉巴唧站在右边。

一来二去，他们把桩子拔出来了。小坡们先跳上墙去，嘐拉巴唧把木桩往起一扔，他们在上面接住，然后大家像提汲水的罐子一样，把他给拉上来。他喘了一口气，转了一回眼珠,赶紧的说:"快跑哇!老头子一会儿就回来!"

大家跳下墙去,撒腿就跑。嗗拉巴唧叫木桩和大麻绳给赘住,一迈步便摔了个大跟头。

"你们得背着我呀!"他躺在地上求救。

"你那么大个儿,谁背得动呀!"大家一齐说。

"顶好放风筝吧!"两个马来小妞出了主意。

"对!"南星首先赞成。

大家拿起木桩,跑出几步,把绳子拉直,一齐喊:"起!"喝!真有趣!眼看着嗗拉巴唧起在空中,双手平伸,腿儿撇着一点,真像个大风筝。大家非常高兴,越跑越快,绳子也越放得直。跑着跑着,只听"哎哟"一声,大家忙回头看:嗗拉巴唧的两腿骑在一个大树枝上,脑袋顶着一对睡觉的乌鸦!大家忙往回跑,松开绳子,七手八脚的爬上树去,把他给救下来。

嗗拉巴唧飞了半天,头有点发晕,挣扎着说:"别跑了!别跑了!先歇一会吧!"

大家围着他坐下。南星和三多们以前都没见过他,仔细的端详,一边看还一边批评:

"眼珠儿转得真灵动!""摔跟头也真脆!""当风筝也不坏!……

"别胡说啦!"小坡恐怕嗗拉巴唧挑眼,喝住他们,然后问他:"嗗拉巴唧,你怎么叫老头子把你拴起来了?"

"我等你,你老不回来,一着急,我一个人来了。正赶上老头子教数学,我就偷偷的坐在墙根底下了。哪知道,又被他看见了,他问我:一个苹果两人吃,一人该吃多少?"

"自然是一个人吃一半!"大家一齐显聪明。

"怎会是一半？我说的是：谁能抢，谁多吃一口，不一定！"

"有理呀！"大家以为这个答案非常的高明。

"有理！"他含着泪说："老头子可炸了呢！没容分说，三下两下把我拴在木桩上了；外带着拴得真结实，把手指头磨破了，也解不开扣儿！"

"现在他在那儿呢？"小坡问。

"他又给钩钩迷魂药喝去了！可怜的钩钩！"

"可怜的钩钩！"大家一齐说。

"咱们找她去，好不好？"小坡问。

"万一遇见了老头子，他硬掐额脖的灌咱们迷魂药儿，怎么好呢？"噜拉巴唧说，落下一整串眼泪。

"那倒不要紧，"小虎们说："咱们找些东西蒙上嘴，就灌不下去了！"

大家一齐立起来，不约而同的把噜拉巴唧的褂子脱下来，一人由褂里上撕下一条布来，把嘴严严的蒙好。

"走呀！"南星用力喊，因为嘴蒙得很紧，说话有些不方便。

噜拉巴唧认识路，在前面走，大家在后边跟着，扛着他的木桩和大绳子，免得叫他跌倒。

过树林，爬小路，走了半天，到了一个小山洞。洞里灯光还亮着，里边出来些歌声，听着很清亮悦耳。洞外的小树全好似低着头儿听唱，已经听入了神，叶儿连动也不动。

"钩钩唱呢！"噜拉巴唧回头告诉他们。

大家都挤在洞口往里看，果然有个一朵花似的大姑娘，伸着又白又长又香软的脖儿唱呢。她身上披着件用半红的树叶作成的衫子，头上戴着个各色野花组成的花冠，脚儿光着，踩着一块很花哨的豹皮。

"钩钩！钩钩！"唔拉巴唧低声的叫。

钩钩忽然不唱了，说："又是你呀？三番五次的来找我，讨厌不讨厌啦？！"

"她又喝了迷魂药！"唔拉巴唧对大家说。

"你过去亲亲她的脑门，迷魂药就解了！"小老虎们出了主意。

唔拉巴唧轻轻的进去，抱住钩钩，在她脑门上吻了一下。果然，钩钩醒过来，拉着他的手说："噢！唔拉巴唧！这是什么地方呀？"

"山洞！"大家一齐回答。

"噢！咱们快回家吧！我不愿意住山洞！我的鞋呢？"她看着自己的白脚，一个劲儿问："我的鞋呢？"

大家全低着头找，并找不到她的鞋。

"找些树叶包上好啦！"小坡说。

"顶好是香蕉叶子，要是椰子叶儿可有点刺闹的慌！"仙坡说。

正在这个当儿，他们忽然听见有人咳嗽了一声，跟着，有人高声的说话。他们全闭着气听：

"我问他两个人分一个苹果，一人该分多少。你猜他说什么？不一定！不一定？好！拴上！永远不放！"

"就得这样惩治他们，这群小孩子们！一天到晚乱吵，不爱念书！拴上！永远不放！"

"坏了！糟老头子！"三多听出语声来，吓得直往洞里退。

"坏了！父亲来了！"小老虎们低声的说，说完就往树后边跑。

"打呀！"南星擦拳磨掌的说。

"不能打呀！干不过他们哪！"唔拉巴唧说。

当！当！当！

"老头子在石头上磕烟袋呢！"三多的妹妹说。

"跑哇！"南星听见大烟袋响，也着了慌。

钩钩也不顾得找鞋了，光着脚就往外跑，拉着唔拉巴唧。

"放风筝啊！"两个马来小妞说："唔拉巴唧，快跑！"

唔拉巴唧和钩钩往前跑，小坡们骑上木桩，"起"！起在半空中。

小坡耳旁忽忽的直响，在空中左一歪，右一闪，飘飘摇摇，飘飘摇摇，心中似乎是明白，又似乎有点发糊涂。绳儿忽然弯下去，他落下许多来，脚指头擦着树梢儿。绳子忽然拉直了，他又飞上去，一抬手就可以摸着星星。落，落，落，心中有点发虚。起，起，起，脑袋有些发胀。往左一歪，往右一闪，又有些发晕。有时候，一直的往下落，好像一片树叶，无依无靠的往下飘，手脚也没了劲，随着风儿飘，越落下面越深，怎么也看不见地。哎呀，哎呀，又高起去了；刚一喘气，忽——又头朝下落下来了！

飞着飞着，唔拉巴唧不见了，只有那根绳儿在空中飘着。小坡想抓住绳子，哼！东捞一把，西抓一下，怎么也够不着。

"仙！仙！南星！"他用力的叫。

没有人答应！

哎呀！下面敢情是大海！黑咕咙的大海！怎么办！

身子一直往下落，眼看着就擦着水皮了！登时出了一身热汗，要喊也喊不出来。

"坏了！"好容易由胸口挤出这么两个字。气舒了一些，用力一挺身，往平了一蹬脚，醒了！

噢！原来是作梦呢！

小坡坐起来，揉了揉眼睛，想了会儿，赶紧拿起枕头来：还好！那块红绸子宝贝还在那儿！

"记得把红绸子扔了，扔在了那儿呢？想不起来了！真有趣！什么时候再过生日呢？过生日作梦都特别有意思！张秃子也不是到底又作了猴王没有？……"

"仙！仙！"他叫了两声。

仙坡还睡得怪香的呢。

"别叫了，叫她好好睡吧！仙，你睡吧，我不吵你！"

小坡真是爱妹妹的！

小木头人(童话)

按理说，小布人的弟弟也应该是小布人。嗷，这说得还不够清楚。这么说吧：小布人若是"甲"，他的弟弟应该是小布人"乙"。

不过事情真奇怪，小布人的弟弟却是小木头人。他们的妈妈和你我的妈妈一样，可是不知怎的，她一高兴，生了一个小布人，又一高兴生了个小木头人。

小布人长得很体面，白白胖胖的脸，头上梳着黑亮的一双小辫儿，大眼睛，重眉毛，红红的嘴唇。就有一个缺点，他的鼻子又短又扁。他的身上也很胖。因为胖，所以不怕冷，他终年只穿一件大红布兜肚，没有别的衣服。他很有学问，在三岁的时候，就认识了"一"字，后来他又认识了许多"一"字。不论"一"字写的多么长，多么短；也不论是写在纸上，还是墙上，他总会认得。现在他已入了初中一年级，每逢先生考试"一"字的时候，他总考第一。

小木头人没有他哥哥那么体面。他很瘦很干，全身的肌肉都是枣木的。他打扮得可是挺漂亮：一身木头童子军服，手戴木头手套，足登木头鞋子，手中老拿一根木棒。他的头很小很硬，像个流星锤似的。鼻子很尖，眼睛很小，两颗木头眼珠滴溜溜的乱转——所以虽然瘦小枯干，可是很精神。

嗷，忘记报告一件重要的事！你或以为小木头人的木头衣服，也像小布人的红兜肚一样，弄脏了便脱下来，求妈妈给他洗一洗吧？那才一点也不对！小木头人的衣服不用肥皂和热水去洗，而用刨子刨。他的衣服一年刨四次，春天一次，夏天一次，秋天一次，冬天一次，一共四次。刨完了，他妈妈给他刷一道漆。春天刷绿的，夏天刷白的，秋天刷黄的，冬天刷黑的；四季四个颜色。他最怕换季，因为上了油漆以后，他至少要有三天须在胸前挂起一个纸条，上写"油漆未干"。假若不是这样，别人万一挨着他，便粘在了一块，半天也分不开。

小布人和小木头人都是好孩子。不过，比较起来吗，小木头人比小布人要调皮淘气些。小布人差不多没有落过泪，因为把布脸哭湿，还得去烘干，相当的麻烦。因此，他永远不惹妈妈生气，也不和别的孩子打架，省得哭湿了脸。小木头人可就不然了。他非常的勇敢，一点也不怕打架。一来，他的身上硬，不怕打；二来，他若是生气落泪，就更好玩——他的眼泪都是圆圆的小木球，拾起来可以当弹弓的弹子用。

比起他的哥哥来，小木头人简直一点学问也没有；他连一个"一"字也不识！他并非不聪明，可就是不用功。他会搭桥，支帐篷，练操，埋锅造饭；干脆的说吧，凡是童子军会的事情他都会。对于足球、篮球、赛跑、跳高，他也都是头等的好手。他还会游泳，而且能在水里摸上一尺多长的鱼来。可是他就是不喜欢读书，他的木头眼珠有点奇怪，能看见书上画着的小人小狗，而看不见字。入小学已经三年多了，他现在还是一年级的学生。先生一考他，他就转着眼珠说："小人拉着小狗，小人拉着小狗。"为有点变化，他有时候也说:"小狗拉着小人。"他永远背不上书来。先生并不肯责打他,因为知道他的眼珠是木头的,怪可怜。况且他作事很热心,又会踢球,赛跑,先生想打他也有点不好意思了。小木头人很感激先生,所以老远看到先生就鞠躬;有时候鞠得度数太大,就跌在地上,把小尖鼻子插在土里,半天也拔不起来。

在家里,妈妈很喜爱小布人,因为他很规矩,老实,爱读书。妈妈也很喜爱小木头人,因为他很会淘气。小木头人的淘气是很有趣的。比方说吧,在没有孩子和他玩耍的时候,他会独自想法儿玩得很热闹。什么到井台上去汲水呀,把妈妈的大水缸都倒满。什么用扫帚把屋子院子都收拾得干干净净呀,好叫检查清洁的巡警给门外贴上"最整洁"的条子。什么晚上蹲在墙根,等着捉偷吃小鸡的黄狼子呀——要是不捉到黄狼子呢,起码捉来两三个蟋蟀,放在小布人被子里,吓得小布人乱叫。

这些有趣的玩耍都使妈妈相当的满意。不过,他也有时候招妈妈生气。例如,把水缸倒满,他就跳下去练习游泳,或是扫除庭院的时候,顺手把妈妈辛辛苦苦种的花草也都拔了去,妈妈就不能不生气了。特别是在晚上,他最容易招妈妈动怒。原来,小木头人是和小布人同睡一张床的。在夏天,小布人因为身上很胖,最怕蚊子,所以非放下帐子来不可。小木人呢,一点也不怕蚊子,他愿意推开帐子,把蚊子诱来,好把蚊子的尖嘴碰得生疼。可是,蚊子也不傻呀。它们看见小木人就赶紧躲开。尽管小木人很客气的叫:"蚊子先生,请来咬我的腿吧!"它们一点也不上当。嗡嗡的,它们彼此打招呼,一齐找了小布人去,把小布人叮得没办法,只好喊妈妈。妈妈很怕小布人教蚊子咬了，又打摆子。小布人一打摆子就很厉害，妈妈非给他包奎宁馅的饺子吃不可；多么麻烦，又多么贵呀！你看，妈妈能不生小木头人的气吗？

冬天虽然没有蚊子，可是他们弟兄的床上还是不十分太平。小布人睡觉很老实，连梦话也不说一句。小木头人就不然了，睡觉和练操一样：一会儿"拍"，把手打在哥哥的胖腿上，一会儿"噗"，把被子蹬个大窟窿，教小布人没法儿好好的睡。小布人急了就只会喊妈妈，妈妈便又生了气。

妈妈尽管生气，可是不能责打小木人，因为他身上太硬。妈妈即使用棍子打他，也只听得拍拍的响，他一点也不觉得疼。这怎么办呢？妈妈可还有主意，要不然还算妈妈吗？不给他饭吃！哎呀，这一下子可把小木人治服了。想想看吧，小木人虽然是木头的，可也得吃饺子呀，炸酱面呀，鸡蛋糕和棒棒糖什么的呀。他还能光喝凉水不成么？所以，一听妈妈说："好了，明天早上没有你的烧饼吃！"小木人心里就发了慌，赶紧搭讪着说："没有烧饼，光吃油条也行！"及至听见妈妈的回答——"油条也没有"——他就不敢再说一声，乖乖的把胳臂伸得笔直，再也不碰小布人一下。有时候，他急忙的搬到床底下去睡，顺手儿还捉一两个小老鼠给街坊家的老花猫吃。

可是，话又说回来了：小木人虽然淘气，不怕打架，但决不故意欺侮人。每次打架，虽然他总受妈妈或老师的责备，可是打架的原因绝不是他爱欺侮人。他也许多打了人家两下，或把人家的衣服撕破了一块，但是十之八九，他是为了抱不平。这么说吧，比如他看见一个年岁大一点的同学，欺侮一个年岁小的同学,他的眼睛立刻就冒了火。他一点不退缩的和那个大学生死拚。假若有人说他的哥哥,妈妈或先生不好,那就必定有一次剧烈的战争。打完了架,他的小鼻子歪到一边去,身上的油漆划了许多条道子,有时候身上脸上都流出血来(他的血和松香似的,很稠很黏,有点发黄色),直像打完架的狗似的。他是勇敢的。要打就打出个样子来。

更值得述说的是有一次早晨升旗的时候,小木人的旁边的一个烂眼边的孩子没有向国旗好好敬礼。这,惹恼了小木人。他一拳把烂眼边打倒在地上。校长和老师都说他不该打人。可是他们也说小木人是知道尊敬国旗的好孩子。因为打人,校长给小木人记了一过;因为尊敬国旗,校长又给他记一功。

知道尊敬国旗,便是知道爱国。小木人很爱国。所以呢,咱们不再乱七八糟的讲,而要专说小木人爱国的故事了。

小木人的舅舅是小泥人。这位泥人虽然身量很小,可是的的确确是小木人的舅父,所以小木人不能因为舅父的身量小,而叫他作哥哥。况且,小泥人也真够作舅舅的样子,每逢来看亲戚,他必给外甥买来一堆小泥玩艺儿——什么小泥狗,小泥马,小泥骆驼,还有泥作的高射炮和坦克车。小木人和小布人哥儿俩,因此,都很喜欢这位舅父。舅父的下巴上还长着些胡须,也很好玩。小木人有时候扯着舅父的胡子在院中跑几个圈,舅父也不恼。小泥人真是一位好舅舅!

不幸啊,你猜怎么着,泥人舅舅死啦!怎么死的?哼,教炸弹给炸碎了!小泥人生来就不结实,近几年来,时常的闹病，因为上了年纪啊。有一天，看天气晴和，他换了一件蓝色的泥棉袍，买了许多的泥玩艺儿，来看外甥。哪知道，走到半路，遇上了空袭。他急忙往防空洞跑。他的泥腿向来就跑不了很快，这天又忘了带着手杖。好，他还没跑到防空洞，炸弹就落了下来！炸弹落得离他还有半里地，按说他不应当受伤。可是，他倒在了地上，身上的泥全被震成一块一块的了。

这个不幸的消息传到小木人的家中，妈妈哭得死去活来。小布人把布脸哭得像掉在水里一般。小木人的木头眼泪落了一大笸箩。

啼哭是没有用处的，小木人知道。他也知道，震死泥人舅舅的炸弹是日本人的。他要报仇。他爱他的舅舅，也更爱国家。舅舅既是中国人，哪可以随便的挨日本的炸弹呢？他要给舅舅报仇，为国家雪耻！

小木人十分勇敢。说报仇就去报仇，没有什么可商量的。他急忙去预备枪。子弹不成问题，他有许多木头眼泪呢。枪可不容易找。他听老师说，机关枪最厉害，所以想得一架机关枪，哪里去找呢？这倒真不好办。不过，他把机关枪听成了鸡冠枪，于是他就想啊，把个鸡冠子放在枪上，岂不就成了鸡冠枪么？好啦，就这么办。他找了个公鸡冠子，甩绳儿捆在自己的木枪上，再把木头眼泪都放在口袋里，他就准备出发了。

小木人的衣帽本是童子军的样式，现在一手托枪，一手拿着木棍，袋中满装子弹，看起来十分的英武。他不愿教妈妈知道，怕她不许他去当兵。他只告诉了小布人，并且教哥哥起了誓，在他走后三天再禀知母亲。小布人虽然胆子小一点，但也知道当兵是最光荣的事，便连连点头，并且起了誓。他说：

"我若在三天以前走漏了消息，教我的小辫儿长到鼻子上来！"

他说完，弟兄亲热的握了手，他还给了弟弟一毛钱和一个鸡蛋作盘缠。

小木人离开家门，一气就走了五里地。但他并不觉得劳累，可是他忽然站住了。他暗自思想，往哪里去呢？哪里有日本鬼子呢？正在这样思索，树上的鸟儿——他站住的地方原是有好几株大树的——说了话："北，北，北，咕——"小木人平日是最喜欢和小鸟们谈话的，一闻此言，忙问道：

"你说什么呀？鸟儿哥哥！"

这回四只小鸟一齐说："北，北，北，咕——"

"噢，"小木人想了想才又问："是不是你们教我向北去呢？"

一群小鸟同声的说："北，北，北，咕——"

小木人笑了："好！多数同意，通过！"说罢，他向小鸟们立正，敬礼，就又往前走了几步，他又转身回来，高声问道："请问，哪边是北呀？"

这一问，把小鸟们都难住了。本来吗，小鸟们只管飞上飞下，谁管什么东西南北呢。小木人连问了三四次，并没得到回答，他很着急，小鸟们觉得很惭愧。末了，有一位老鸟，学问很大，告诉了他："北就是北！"

小木人一想，对呀，北方拿前面当作北，后面不是南么？对！他给老鸟道了谢，就又往前走，嘴里嘟囔着："反正前面是北，后面就是南，不会错！"

小木人在头一天走了一百二十里。他的腿真快。这大概不完全因为腿快，也还因为一心去报仇，在路上一点也不贪玩。要不怎么小木人可爱呢，在办正经事的时候，他就好好的去作，决不贪玩误事。

天黑了。他走到一条小河的岸上。他捧了几捧河内的清水，喝下去。河水是又清，又凉，又甜。喝完，他的肚里咕碌碌的响起来，他觉得十分饥饿。于是，他就坐在一块石头上，把哥哥给的那个鸡蛋慢慢的吃了下去。他知道肚中饥饿的时候，若是急忙吃东西就容易噎着，所以慢慢的吃。

天是黑了，上哪儿去睡觉呢？这时候，他有点想妈妈与布人哥哥了。但是一想起泥人舅舅死的那么惨，他就把心横起来，自言自语的说："去打日本小鬼，还能想家吗？那就太没出息了！"

向前望了一望，远远的有点灯光，小木人决定去借宿。他记得小说里常有"借宿一宵，明日早行"这么两句，就一边念着，一边往前走。过了一座小桥，穿过一片田地，他来到那有灯光的人家。他向前拍门，门里一条小狗旺旺的叫起来。小木人向来不怕狗，和气的叫了声"小黄儿"，狗儿就不再叫了。待了一会儿，里面有了人声："谁呀？"小木人知道，离家在外必须对人有礼貌，就赶紧恭恭敬敬的说："老大爷，请开开门吧，是我呀！"这样一说，里边的人还以为是老朋友呢，急忙开了门，而且把小狗儿赶在一边去。开门的果然是个老人，小木人的"老大爷"并没有叫错，因为他会辨别语声呀。老人又问了声"谁呀？"小木人立正答道"是我！"老人这才低头看见了小木人，原来他并没想到来的是个小朋友。

"哎呀!"老人惊异的说:"原来是个小孩儿呀!怎这么黑间半夜的出来呢?莫非走迷了路,找不到家了吗?"

小木人含笑的回答:"不是!老大爷,我不是走迷了路,我是去投军打日本鬼子的!你知道吗,日本鬼子把我的舅舅炸死了?"

老人一听此言,更觉稀奇。心中暗想,哪有这么小的人儿就去投军的呢?同时,心中也很佩服这个小孩儿;别看他人小,志气可是大呢。于是就去拉住小木人,往门里让。这一拉不要紧,老人可吓了一跳:"我说,小朋友,你的手怎这么硬啊。"

小木人笑了:"不瞒你老人家说,我是小木人呀!"

"什么?"老人喊了起来:"小木人?小木人?"

"是呀,我是小木人!我来借宿一宵,明日早行!"小木人非常得意的用着这两句成语。

"哎呀,我倒还没有招待过木头人!"老人显出有点为难的样子。"我说,你不是什么小妖精吧!"

"不是妖精!"小木人赶紧答辩。"不信,老大爷你摸摸我,头上没有犄角,身上没有毛,后边也没有尾巴!"

这时节,院中出来一群人:一位老婆婆手中端着灯,一位小媳妇手中持着烛,还有一位大姑娘,和四五个男女小孩。大家把老头儿与小木人围在当中,都觉得稀罕,都争着问怎回事。大家一齐开口,弄得谁也听不见谁的话,乱成了一团。小木人背过身子,用手捂住嘴。大家忽然听见敲锣的声音,一齐说:空袭警报!马上安静下来。小木人赶紧转回身来,向大家立正,敬礼,像讲演一般的说:"诸位先生,我是小木人,现在去投军打日本,今天要借宿一宵,明日早行!"

大家听明白了，就又一齐开口问长问短，老人喊了一声"雅静！"看大家又不出声了，才说："我们要先熄了灯，不是有警报吗？"

小木人不由的笑出声来，"那，那，那是我嘴中学敲锣呀！不是真的！"

这样一说，逗得大家又笑成了一团。

"雅静！"老人喊了一声，接着说："现在我们怎么办呢？咱们没有招待过木头人呀！"

四五个小孩首先发言："我们会招待木头客人！教他和我在一块睡！"然后争着说："我的床大！"另一个就说："我的床香！"说着说着就要打起来。

这时候老太太说了话："谁也不要争，大家组织一个招待委员会，到屋里去商议吧！"

"好！好！好！"小孩一齐喊。然后不由分说，便把小木人抬了起来，往屋里走。

不大一会儿，委员会组织好。老人作睡觉委员，专去睡觉，不用管别的事，因为上了年岁的人是要早睡的。老太太和小媳妇作烹调委员，把家中的腊肠腊肉和青菜都要作一点来，慰劳木头客人。大姑娘作编织委员，要极快的给小木人编一双草鞋，和一顶草帽。小孩们作宿舍委员，把大家的床都搬到一处，摆成一座大炕，大家好和小木人都睡在一起，不必再起争执。

热闹了半夜，大家才去睡觉。小木头人十分感激，眼中落出木头泪珠来。拾起木泪，送给孩子们每人两个，作为纪念品。他虽是这样的感激大家，大家可是还觉得招待不周。真的，谁不尊敬出征的人呢？出征的人都是英雄！

第二天清早,小木人便起来向大家告辞。大家一致挽留,小木人可不敢耽误工夫,一定要走。一家老小见挽留不住,也就不便勉强,因为他们知道出征是重要的事啊。大姑娘已把草鞋和草帽编好,送给小木人。他把草鞋系在腰间,草帽放在背上,到下雨的时候再去穿戴。老太太把两串腊肠挂在他的脖子上,很像摩登小姐戴的项链,不过稍粗了一点而已。小媳妇给他煮了五个鸡蛋,外加两个皮蛋,两个咸鸭蛋。小孩们没有好东西送给他,大家就用红笔在他的草帽帽沿上写了"出征的木人"五个大字。老人本想把自己用的长杆烟袋送给他,怎奈小木人并不吸烟。于是,忽然心生一计,说:

"小木人呀,我替你写封家信吧,好教你妈妈放心。"

小木人很愿意这么作,就托老人替他写,并且拿出两个鸡蛋,也请老人给贴上邮票寄给妈妈和哥哥。老人问他家住哪里。他记得很清楚:"木县,木头村,第一号。"

老人写完信,小木人用木头嘴在纸面上印了几个吻,交给老人替他交到邮局。而后,向大家一一敬礼,告辞。大家都恋恋不舍,送到门外。小孩子们和小狗一直送到二里多地,才洒泪而别。

小木人一路走去,甚是顺利。因为他的草帽上有"出征"的字样,所以到处受欢迎,食水宿处全无半点困难,而且有几处小学校,请他讲演。他虽没有什么了不起的口才,但是理直气壮,也颇能感动人;有些小学生因给他拍掌,竟将手掌拍破;有些小学生想跟他一同到前方去,可是被先生们给拦住了。

走了一个星期,他还没走到前线。小木人心中暗想:中国是多么伟大呀,敢情地图上短短的一条线就得走许多日子呀!在这几天里,他看见几处城市都有被炸过的痕迹,于是就更恨日本鬼子,非去报仇不可。

走到第十天头上,正是晌午,他来到一座大城,还没进城,他就看见有许多人从城内往外跑。小木人一猜就猜对了:准是有空袭。虽然猜到了,他可是丝毫不怕。他一直奔了城墙去。站在墙根,他抬头往上看。城墙,从远处看,是很直的。凑近了一看,那一层层的大砖原来也有微微的斜度,像梯子似的,不过是很难爬的梯子罢了。再说吧,城墙已经很老,砖上往往有些坑儿,也可以放脚。小木人看完了墙,再低头看自己的脚。他不由的笑了一笑。他的脚是多么瘦小伶俐呀。好吧,他决定爬上城墙去。紧了紧身上的东西,他就开始往上爬。爬到中腰,墙上有一棵歪脖的酸枣树,树上结着些鲜红的小枣,像些珠子似的发着光。小木人骑在树干上,休息一会儿,往下一看,看见躲避空袭的人像潮水一般的往城外走。他心中说,泥人舅舅大概就是这样死的,非报仇不可!说着,心中一怒,便揪上一把酸枣子,也不管酸不酸,全放在了嘴中。

爬上了城墙,小木人跟猴子一样,伶俐,连跑带跳的就上了城楼的尖儿。哎呀,多么好看哪!往上看吧,天比平日远了许多,要不是教远山给截住,简直没有了边儿呀!往下看吧,一丛一丛的绿树,一块一块的田地,一处一处的人家,都像小玩艺似的,清清楚楚的,五颜六色的,摆在那里。人呀,马呀,牛呀,都变成那么一小块,一小块的在地上慢慢的动。小木人,这时候,很想布人哥哥。假若小布人哥哥现在也在这里,该多么高兴呀。恐怕就是妈妈也没有见过这么美的景致吧,小木人越想越高兴,不觉的拍起手来。

哪知道,小木人正在欢喜,远远的可来了最讨厌的声音。忽隆,忽隆,好讨厌,就像要把青天顶碎了似的。小木人立在城楼尖上,往远处望,西北角上发现了几只黑小鸟。他指着那小鸟骂道:可恶的东西,你们把泥人舅舅炸碎,还又来炸别人么?我今天不能饶了你们!

说时迟,那时快,眼看着敌机到了头上。小木人数了数,一共是六架。飞机都飞得很低,似乎有要用机枪扫射下面的样子。小木人急中生智,把自己的木棍和鸡冠枪全放下,(这两件东西至今还在城楼上呢,)看飞机来到,就用了全身的力量往上一跳。这真冒险极了,假若他扑了空,就必定跌落下来,尽管他是枣木身子,也得跌碎了哇。可是,他这一下跳得真高。一伸手,他抓住一架飞机的尾巴。左手抓,右手把腰间的绳子——童子军不是老带着一条绳子么?——解下来,拴在飞机尾巴上。然后,他拴了一个套儿,把头伸进去,吊住了脖子。要是别人这样办,一会儿就必伸了舌头,成了吊死鬼。但是小木人的脖子是木头的,还怕什么呢。这样吊在飞机尾巴上,飞机上的人就不会看到他;他们看不见他,他就可以随着飞机回到飞机场呀。到了敌人的飞机场又怎样呢。小木人正在思索,让咱们大家也慢慢的想想看吧。

在飞机尾巴吊着,是多么有趣的事呀!看吧,这又比城楼高得多了。连山哪,都不过是一道道的小绿岗儿;河呀,不过是一条线!真好看,地上只是一片片的颜色,黄的,绿的,灰的,一块块的,一条条的,就好像一个顶大顶大的画家给画上的。更有趣的是一会儿钻到云里去,一会儿又钻出来。钻进去的时候，什么也看不见，只被一片雾气包围着，有的地方白一点，有的地方黑一点，大概馒头在蒸锅里就是这样。慢慢的，雾气越来越白越少了，哈！钻出来了！原来飞机已经飞到云上边去！上边是青天大太阳，下边是高高矮矮的黑白的云堆，像一片用棉絮堆成的山。山峰上都被日光照的发着金光。哎呀，多么美丽呀！多么好看呀！小木人差一点就喊叫出来。虽然他就是喊起来，别人也听不见。可是他不能不小心哪。

一会儿，又飞到了一座城，飞机排成了一字形。小木人知道，这是要投弹了。他非常的着急，非常的愤恨，可是一点办法没有。"等一会儿看吧，看我怎样收拾你们！"他只能自言自语的这么说。说罢，他闭上了眼，不忍看我们的城市被敌人轰炸。

飞机投了弹，很得意的往回飞。这时候，小木人顾不得看下面的景致了，闭着眼一劲儿想好主意，想着想着，他摸了摸身上，摸到一盒洋火。他笑了笑。

飞机飞得很低了，小木人想，这必定是到了飞机的家。他往上纵一纵身，两手扒住飞机尾巴，尾巴前面有个洼洼，他就放平了身子，藏在那里。飞机盘旋的往下落，他觉得有点头晕，就赶紧把脚拼命的蹬直，两手用力攀住，以免头一晕，被飞机给甩下去。

飞机落了地，机上的人们都匆忙的下去。小木人斜着眼一看，太阳还老高呢，机场上来来往往还有不少的人。他想呀，现在若是去用火柴烧飞机，至多不过能烧一架，机场上人多，而且架着好几架机关枪呀。莫若呀，等到夜里再动手，把机场上所有的飞机全烧光，岂不痛快么。好在脖子上的腊肠还剩有一节,也不至于饿得发慌。越想越对,也就大气不出的,先把腊肠吃了。

吃完腊肠,他想打个盹儿,休息休息。小木人是真勇敢,可是粗心的勇敢是不中用的。幸而他还没有真睡了;要是真睡去,滚到空地上来,他就可以被日本人活捉了去。那可怎办呢?你看,他刚一闭眼,就听见脚步声。原来,飞机回到机场是要检查的呀,看看有没有毛病,以免下次起飞的时候出险呀。那脚步声便是检查飞机的人来了哇!小木人的心要跳出来!假若,他们往飞机尾巴下面看一眼,他岂不要束手被擒么?他知道,事到而今,绝不可害怕逃走。他一跑,准教人家给逮住!他停止了呼吸,每一秒钟就像一个月那么长似的等着。幸而,那些人并没有检查这一架飞机,而只由这里走过——小木人连他们皮鞋上的一点泥都看得清清楚楚的!

他再也不敢大意,连要打哈欠的时候都把嘴按在地上。就是这样,他一直等到天黑。

这是个月黑天,又有点夜雾。小木人的附近没有一个人。他只听得到远处的一两声咳嗽,想必是哨兵;他往咳嗽声音的来处望一望,看不见什么,一切都被雾给遮住。他放大了胆,从地上爬起来,轻轻的走出来几步;他要数一数这里一共有多少飞机。转了一个小圈,他已看到二十多架,他不由的喜欢起来。哎呀,假如一下子能烧二十多架敌机,够多么好哇!可是,他又想起了:只凭几根火柴,能不能成功呢?不错,汽油是见火就燃的。可是,万一刚烧起一架,而那些哨兵就跑来,可怎么办,不错呀,机场里有机关枪。可是他不会放呀!糟极了!糟极了……小木人自己念道着,哼，当兵岂是件容易的事呀。

无可奈何，他坐在了地上，很想大哭一场。

正在这个工夫，他听见了脚步声音。他赶紧趴伏在地上。来的是一个兵。小木人急中生智，把自己的绳子放出去，当作绊马索，一下子把那个兵绊倒。然后，他就像一道电闪那么快，骑在兵的脖子上，两只木头小手就好似一把钳子，紧紧的抠住兵的咽喉。那个兵始终没有出一声，就稀里胡涂的断了气。小木人见他一动也不动了，就松了手，可是还在他的脖子上坐着。用力太大，他有点疲乏，心中又怪难过的——他想，好好的一个人，偏偏上我们这里来杀人放火，多么可恨！可是一遇上咱小木人，你又连妈都没叫一声就死了，多么可怜！这么想了一会儿，小木人不敢多耽误工夫，就念念道道的去摸兵的身上："你来欺负我们，我们就打死你！泥人舅舅怎么死的？哼，小木人会给舅舅报仇！"一边这么嘟囔着，他一边摸索。摸来摸去，你猜怎么着，他摸到两个圆球。他还以为是鸡蛋。再摸，喝，蛋怎么有把儿呢？啊，对了，这是手榴弹。他在画报上看见过手榴弹的图，所以一见就认出来。

把手榴弹在手里摆弄了半天，他也想不起应当怎么放。他很恨自己粗心。当初，他看画报的时候，那里原来有扔掷手榴弹的详图，可是他没有详细的看。他晓得手榴弹是炸飞机顶好的东西，可是现在手榴弹得到手，而放不出去，多么糟糕！他赌气把手榴弹扔在了地上，又到死兵的身上去摸。这回摸到一把手枪。拿着手枪，他又想了想：现在只好用手枪打飞机的油箱。打完一架，再打一架，就是被人家给生擒住，也只好认命了，也算值得了。

当他打燃了第一架飞机的时候,四面八方的电铃响成了一片。他又极快的打第二架,打燃了第二架,场中放开了照明灯,把全场照如白昼。他又去打第三架。这时候,场中集聚了不知多少敌兵,都端着枪,枪上安着明晃晃的刺刀,向他包围。他急忙就地一滚,滚到一架飞机上面。他知道,他们若向他放枪,就必打了他们自己的飞机,那,他心中说,也不错呀,咱小木人和一架飞机在一块儿烧光也值得呀!

敌兵还往前凑,并没放枪。小木人一动也不动,等待着逃走的机会。敌人越走越近了,小木人知道发慌不但没用,而且足以坏事。他沉住了气。等敌兵快走他身前了,他看出来,他们都是罗圈腿,两腿之间有很大的空档儿。他马上打好主意。猛的,他来了一个鲤鱼打挺,几乎是平着身子,钻出去。

兵们看见一条小黑影由腿中钻出,赶紧向后转。这时候,小木人已跑出五十码。他们开了枪。那怎能打中小木人呢?他是那么矮小,又是低头缩背,膝磕几乎顶住嘴的跑,他们怎能瞄准了哇?可是,他们也很聪明,马上都卧倒射击。小木人还是拚命的跑,尽管枪弹嗖嗖的由身旁,由头上,由耳边,连串的飞过,他既不向后瞧,也不放慢了步,一气,他跑出机场。

后面追来的起码有一百多人,一边追,一边放枪。小木人的腿有点酸了,可是后面的人越追越紧。眼前有一道壕沟,他不管三七二十一,便跳了下去。跳下去,他可是不敢坐下歇息,就顺着沟横着跑。一边跑,一边学着冲锋号——嘀哒嘀哒嘀嘀哒!

追兵一听见号声,全停住不敢前进。他们想啊,要偷袭飞机场,必定有大批的人,而这些人必定在沟里埋伏着呢,他们的官长就下命令:大眼武二郎,田中芝麻郎,向前搜索;其余的都散开,各找掩护。喝,你看吧,武二郎和芝麻郎就爬在地上慢慢往前爬,像两个蜗牛似的。其余的人呢,有的藏在树后,有的趴在土坑儿里。他们这么慢条斯理的瞎闹,小木人已跑出了一里地。

他立住,听了听,四外没有什么声音了,就一跳,跳出了壕沟,慢慢的往前走。走到天明,他看见一座小村子。他想进去找点水喝。刚一进村外的小树林,可是,就听见一声呼喝,站住!口令!树后面闪出一位武装同志来,端着枪,威风凛凛,相貌堂堂。小木人一看,原来是位中国兵。他喜得跳了起来。过去,他就抱住了同志的腿,好像是见了布人哥哥似的那么亲热。同志倒吓了一跳,忙问:你是谁?怎回事?小木人坐在地上,就把离家以后的事,像说故事似的从头说了一遍。同志听罢,伸出大指,说:"你是天下第一的小木人!"然后,把水壶摘下来,请小木人喝水。"你等着,等我换班的时候,我领你去见我们的官长。"

太阳出来,同志换了班,就领着小木人去见官长。官长是位师长,住在一座小破庙里。这位师长长得非常的好看。中等身量,白净脸,唇上留着漆黑发亮的小黑胡子。他既好看,又非常的和蔼,一点也不像日本军人那么又丑又凶。小木人很喜爱师长,师长也很喜欢小木人。师长拉着小木人的手,把小木人所作的事问了个详细。他一边听,一边连连点头,而且教司书给细细记了下来。等小木人报告完毕,师长教勤务兵去煮十个鸡蛋慰劳他,然后就说:"小木人呀,我必把你的功劳,报告给军长,军长再报告给总司令。你现在怎办呢?是回家,还是当兵呢?"

小木人说:"我必得当兵,因为我还不会打机关枪和放手榴弹,应当好好学一学呀!"

师长说:"好吧,我就收你当一名兵,可是,你要晓得,当兵可不能淘气呀!一淘气就打板子,绝不容情!"

小木人答应了以后不淘气,可是心中暗想,咱小木人才不怕挨板子呀!

从村子里找来个油漆匠,给小木人改了装,他本穿的是童子军装,现在漆成了正式的军服,甚是体面。

从此,小木人便当了兵。每逢和日本人交战,他总作先锋,先去打探一切,因为他的腿既快,眼又尖,而且最有心路啊。

  *   *   *

有一天,小布人在学校里听到广播,说小木人烧了敌机,立下功劳。他就向先生请了一会儿假,赶忙跑回家,告诉了母亲。妈妈十分欢喜,马上教小布人给弟弟写一封信。小布人不加思索,在信纸上写了一大串"一"字,并且告诉妈妈,这些"一"字有长有短有直有斜,弟弟一看,就会明白什么意思。

写完了信,小布人向妈妈说,他自己也愿去当兵。妈妈说:"你爱读书,有学问。应当继续读书;将来得了博士学位,也能为国家出力。你弟弟读书的成绩比不上你,身体可是比你强的多,所以应该去当兵杀敌,你不要去,你是文的,弟弟是武的,咱家一门文武双全,够多么好哇!"

小布人听了,就又回到学校,好好的读书,立志要得博士学位。

小　铃　儿

　　京城北郊王家镇小学校里，校长，教员，夫役，凑齐也有十来个人，没有一个不说小铃儿是聪明可爱的。每到学期开始，同级的学友多半是举他做级长的。

　　别的孩子入学后，先生总喊他的学名，惟独小铃儿的名字——德森——仿佛是虚设的。校长时常的说："小铃儿真像个小铜铃，一碰就响的！"

　　下了课后，先生总拉着小铃儿说长道短，直到别的孩子都走净，才放他走。那一天师生说闲话，先生顺便的问道："小铃儿你父亲得什么病死的？你还记得他的模样吗？"

　　"不记得！等我回家问我娘去！"小铃儿哭丧着脸，说话的时候，眼睛不住的往别处看。

　　"小铃儿看这张画片多么好，送给你吧！"先生看见小铃儿可怜的样子，赶快从书架上拿了一张画片给了他。

　　"先生！谢谢你——这个人是谁？"

　　"这不是咱们常说的那个李鸿章吗！"

　　"就是他呀！呸！跟日本讲和的！"小铃儿两只明汪汪的眼睛，看看画片，又看先生。

　　"拿去吧！昨天咱们讲的国耻历史忘了没有？长大成人打日本去，别跟李鸿章一样！"

　　"跟他一样？把脑袋打掉了，也不能讲和！"小铃儿停顿一会儿,又继续着说:"明天讲演会我就说这个题目,先生!我讲演的时候,怎么脸上总发烧呢?"

"慢慢练就不红脸啦!铃儿该回去啦!好!明天早早来!"先生顺口搭音的躺在床上。

"先生明天见吧!"小铃儿背起书包,唱着小山羊歌走出校来。

小铃儿每天下学,总是一直唱到家门,他母亲听见歌声,就出来开门;今天忽然变了:

"娘啊!开门来!"很急躁的用小拳头叩着门。

"今天怎么这样晚才回来?刚才你大舅来了!"小铃儿的母亲,把手里的针线,扦在头上,给他开门。

"在哪儿呢?大舅!大舅!你怎么老不来啦?"小铃儿紧紧的往屋里跑。

"你倒是听完了!你大舅等你半天,等的不耐烦,就走啦;一半天还来呢!"他母亲一边笑一边说。

"真是!今天怎么竟是这样的事!跟大舅说说李鸿章的事也好哇!"

"哟!你又跟人家拌嘴啦?谁?跟李鸿章?"

"娘啊!你要上学,可真不行,李鸿章早死啦!"从书包里拿出画片,给他母亲看,"这不是他;不是跟日本讲和的奸细吗!"

"你这孩子!一点规矩都不懂啦!等你舅舅来,还是求他带你学手艺去,我知道李鸿章干吗?"

"学手艺,我可不干!我现在当级长,慢慢的往上升,横是有做校长的那一天!多么好!"他摇晃着脑袋,向他母亲说。

"别美啦！给我买线去！青的白的两样一个铜子的！"

吃过晚饭小铃儿陪着母亲，坐在灯底下念书；他母亲替人家作些针黹。念乏了，就同他母亲说些闲话。

"娘啊！我父亲脸上有麻子没有？"

"这是打哪儿提起，他脸上甭提多么干净啦！"

"我父亲爱我不爱？给我买过吃食没有？"

"你都忘了！哪一天从外边回来不是先去抱你，你姑母常常的说他：'这可真是你的金蛋，抱着吧！将来真许作大官增光耀祖呢！'你父亲就眯眯睎睎的傻笑，搬起你的小脚指头，放在嘴边香香的亲着，气得你姑母又是恼又是笑。——那时你真是又白又胖，着实的爱人。"

小铃儿不错眼珠的听他母亲说，仿佛听笑话似的，待了半天又问道：

"我姑母打过我没有？"

"没有！别看她待我厉害，待你可是真爱。那一年你长口疮，半夜里啼哭，她还起来背着你，满屋子走，一边走一边说：'金蛋！金蛋！好孩子！别哭！你父亲一定还回来呢！回来给你带柿霜糖多么好吃！好孩子！别哭啦！'"

"我父亲那一年就死啦？怎么死的？"

"可不是后半年！你姑母也跟了他去，要不是为你，我还干什么活着？"小铃儿的母亲放下针线叹了一口气，那眼泪断了线的珠子般流下来！

"你父亲不是打南京阵亡了吗？哼！尸骨也不知道飞到哪里去呢！"

小铃儿听完，蹦下炕去，拿小拳头向南北画着，大声的说："不用忙！我长大了给父亲报仇！先打日本后打南京！"

"你要怎样?快给我倒碗水吧!不用想那个,长大成人好好的养活我,那才算孝子。倒完水该睡了,明天好早起!"

他母亲依旧作她的活计,小铃儿躺在被窝里,把头钻出来钻进去,一直到二更多天才睡熟。

"快跑,快跑,开枪!打!"小铃儿一拳打在他母亲的腿上。

"哟,怎么啦!这孩子又吃多啦!瞧!被子踹在一边去了,铃儿!快醒醒!盖好了再睡!"

"娘啊!好痛快!他们败啦!"小铃儿睁了睁眼睛,又睡着了。

第二天小铃儿起来的很早,一直的跑到学校,不去给先生鞠躬,先找他的学伴。凑了几个身体强壮的,大家蹲在体操场的犄角上。

小铃儿说:"我打算弄一个会,不要旁人,只要咱们几个。每天早来晚走,咱们大家练身体,互相的打,打疼了,也不准急,练这么几年,管保能打日本去;我还多一层,打完日本再打南京。"

"好!好!就这么办!就举你作头目。咱们都起个名儿,让别人听不懂,好不好?"一个十四五岁头上长着疙瘩,名叫张纯的说。

"我叫一只虎,"李进才说:"他们都叫我李大嘴,我的嘴真要跟老虎一样,非吃他们不可!"

"我,我叫花孔雀!"一个鸟贩子的儿子,名叫王凤起的说。

"我叫什么呢?我可不要什么狼和虎。"小铃儿说。

"越厉害越好啊!你说虎不好,我不跟你好啦!"李进才撇着嘴说。

"要不你叫卷毛狮子,先生不是说过:'狮子是百兽的王'吗!"王凤起说。

"不行!不行!我力气大,我叫狮子!德森叫金钱豹吧!"张纯把别人推开,拍着小铃儿的肩膀说。

正说的高兴,先生从那边嚷着说:"你们不上教室温课去,蹲在那块干什么?"一眼看见小铃儿声音稍微缓和些,"小铃儿你怎么也蹲在那块?快上教室里去!"

大家慢腾腾的溜开,等先生进屋去,又凑在一块商议他们的事。

不到半个月,学校里竟自发生一件奇怪的事,——永不招惹人的小铃儿会有人给他告诉:"先生!小铃儿打我一拳!"

"胡说!小铃儿哪会打人?不要欺侮他老实!"先生很决断的说,"叫小铃儿来!"

小铃儿一边擦头上的汗一边说:"先生!真是我打了他一下,我试着玩来着,我不敢再……"

"去吧!没什么要紧!以后不准这样,这么点事,值得告诉?真是!"先生说完,小铃儿同那委委屈屈的小孩子都走出来。

"先生!小铃儿看着我们值日,他竟说我们没力气,不配当,他又管我们叫小日本,拿着教鞭当枪,比着我们。"几个小女孩子,都用那炭条似的小手,抹着眼泪。

"这样子!可真是学坏了!叫他来,我问他!"先生很不高兴的说。

"先生！她们值日，老不痛痛快快的吗，三个人搬一把椅子。——再说我也没拿枪比画她们。"小铃儿恶狠狠的瞪着她们。

"我看你这几天是跟张纯学坏了，顶好的孩子，怎么跟他学呢！"

"谁跟卷毛狮……张纯……"小铃儿背过脸去吐了吐舌头。

"你说什么？"

"谁跟张纯在一块来着！"

"我也不好意罚你，你帮着她们扫地去，扫完了，快画那张国耻地图。不然我可真要……"先生头也不抬，只顾改缀法的成绩。

"先生！我不用扫地了，先画地图吧！开展览会的时候，好让大家看哪！你不是说，咱们国的人，都不知道爱国吗？"

"也好！去画吧！你们也都别哭了！还不快扫地去，扫完了好回家！"

小铃儿同着她们一齐走出来，走不远，就看见那几个淘气的男孩子，在墙根站着，向小铃儿招手，低声的叫着："豹！豹！快来呀！我们都等急啦！"

"先生还让我画地图哪！"

"什么地图，不来不行！"说话时一齐蜂拥上来，拉着小铃儿向体操场去，他嘴直嚷：

"不行！不行！先生要责备我呢！"

"练身体不是为挨打吗？你没听过先生说吗？什么来着？对了：'斯巴达的小孩，把小猫藏在裤子里，还不怕呢！'挨打是明天的事，先走吧！走！"张纯一边比方着，一边说。

小铃儿皱着眉,同大家来到操场犄角说道:

"说吧!今天干什么?"

"今天可好啦!我探明白了!一个小鬼子,每天骑着小自行车,从咱们学校北墙外边过,咱们想法子打他好不好?"张纯说。

李进才抢着说:"我也知道,他是北街洋教堂的孩子。"

"别粗心咧!咱们都带着学校的徽章,穿着制服,打他的时候,他还认不出来吗?"小铃儿说。

"好怯家伙!大丈夫敢作敢当,再说先生责罚咱们,不会问他,你不是说雪国耻得打洋人吗?"李进才指教员室那边说。

"对!——可是倘若把衣裳撕了,我母亲不打我吗?"小铃儿站起来,掸了掸身上的土。

"你简直的不用去啦!这么怯,将来还打日本哪?"王凤起指着小铃儿的脸说。

"干哪!听你们的!走……"小铃儿红了脸,同着大众顺着墙根溜出去,也没顾拿书包。

第二天早晨,校长显着极懊恼的神气,在礼堂外边挂了一块白牌,上面写着:

"德森张纯……不遵校规,纠众群殴,……照章斥退……"

载《南开季刊》1923年1月第二、三期合刊

抓 药

日本兵又上齐化门外去打靶。照例门脸上的警察又检查来往的中国人，因为警察们也是中国人，中国人对防备奸细比防备敌人更周到而勇敢些，也许是因为事实上容易而妥当些；巡警既不是军人，又不管办外交。

牛家二头的大小棉袄的钮子都没扣着，只用蓝布搭包松松的拢住，脖子下面的肉露着一大块，饶这么着，他还走的发燥呢。一来是走的猛，二来也是心里透着急。父亲的病一定是不轻；一块多钱，这剂药！家离齐化门还有小十里子呢。齐化门就在眼前了，出了城，抄小道走，也许在太阳压山以前能把"头煎"吃下去。他脚底下更加了劲，一手提着药包，一手攥着个书卷。

门脸上挤着好多人，巡警们在四外圈着。二头顾不得看热闹，照直朝城门洞走。

"上哪去？"

城洞里嗡嗡了半天。

二头顾不得看这是对谁喊的，照直往前走；哼，门洞里为什么这样静悄悄的？

"孙子！说他妈的你哪；回来！"

二头耳中听到这个，膀子也被人捉住了。

"爸爸等着吃药呢！"他瞧明白了，扯他的是个巡警。

"我又没偷谁!"

"你爷爷吃药,也得等会儿!"巡警把二头推到那群人里。

那群人全解衣扣呢;二头不必费这道手,他的扣子本来没扣着。有了工夫细看到底是怎么回事:这群人分为三等,穿绸缎的站在一处,穿布衣服而身上没黑土的另成一组,像二头那样打扮的是第三组。第一组的虽然也都解开钮扣,可是巡警只在他们身上大概的摸一摸。摸完,"走!"二头心里说:"这还不离,至多也就是耽误一顿饭的工夫;出了城咱会小跑。"轮到了第二组,不那么痛快了,小衣裳有不平正的地方要摸个二次了。摸着摸着,摸到了一个四十多岁的红鼻子。红鼻子不叫摸:"把你们的头叫来!"巡长过来了:"哟!三爷!没看见您,请吧;差事,没法子;请吧!"红鼻子连笑也没笑,"长着点眼力;这是怎说的!"抹了红鼻子一把,出了城。好大半天,轮到了二头们。"脱了,乡亲们,冻不死!"巡警笑着说。"就手儿您替拿拿虱子吧,劳驾!"一个像拉车的说。"别废话,脱了过过风!"巡警扒下了一位的棉袄,抖了两三下。棉袄的主人笑了:"没包涵,就是土多点!"巡警听了这句俏皮的话,把棉袄掷在土路上:"爽性再加点分量。"

剩不到几个人了,才轮到二头;在二头以后来到的都另集在一处等着呢。

"什么?"巡警指着二头的手问。

"药。"

"那个卷,我说的是。"

"一本书,在茅厕里捡的。"

"拿来。"

巡警看了看书皮,红的;把书交给了巡长。巡长看了看书皮,红的;看了看二头。巡长翻了两页,似乎不得要领,又充分的沾了唾沫,连着翻了十来页,愣了会儿,抬头看了看城门,又看了二头一眼:"把他带进去!"一个巡警走过来。

二头本能的往后退了一步,心里知道要坏,虽然不知道为什么。

"爸爸还等着吃药呢!书是在茅厕里捡的!"

"不老老实实的可是找揍,告诉你!"巡警扯住二头的脖领儿。

"爸爸等着吃药呢!"二头急是急,可是声儿不高,嗓子仿佛是不大受使了。

"揪着他走!"巡长的脸上白了些,好像二头身上有炸弹似的。

急是没用,不走也不行,二头的泪直在眼圈里转。

进入派出所。巡警和位胖的巡官嘀咕了几句。巡官接过那本书去,看了看。

胖胖的巡官倒挺和气:"姓什么呀?""呀"字拉得很长,好似唱文明戏呢。

"牛,牛二头。"二头抽了抽鼻子。

"啊,二头。在什么村住呀?"

"十里铺。"

"啊,十里铺;齐化门外头。"巡官点点头,似乎赞叹着自己的地理知识。"进城干什么来啦?""啦"字比"呀"还长一些。

"抓药,爸爸病了!"二头的泪要落下来。

"谁的爸爸呀?说清楚点。好在我不多心。来,我问你,好好的告诉我,不许撒谎。这本书是谁给你的呀?"

"在茅厕里捡的。"

"你要是不说实话,我可就要来厉害的了!"胖巡官显得更胖了些,或者是生气的表现。"年轻轻的,不要犯牛劲;你说了实话,没你的事,我们要的是给你这本书的人,明白不明白呀?"

"我起誓,真是捡来的!书,我不要了,放我走得了!"

"那你可走不了!"胖巡官又看了看那本书,而后似乎决定了不能放走二头。

"老爷,"二头真急了:"爸爸等着吃药呢!"

"城外就没有药铺,单得进城来抓药?有事故吗!"巡官要笑又不肯笑,非常满足自己的智慧。

"大夫嘱咐上怀德堂来抓,药材道地些。老爷,我说老爷,放了我吧;那本书不要了,还不行?!"

"可就是不行!"

当天晚上,二头被押解到公安局。

创造家"汝殷"和批评家"青燕"是仇人,虽然二人没见过面。汝殷以写小说什么的挣饭吃,青燕拿批评作职业。在杂志上报纸上老是汝殷前面走,青燕后面紧跟。无论汝殷写什么,青燕老给他当头一炮——意识不正确。汝殷的作品虽并不因此少卖,可是他觉得精神的胜利到底是青燕的。他不晓得:买他的书的人,当拿出几角钱的时候,是否笑得格外的体恤,而心中说:"管他的意识正确不正确,先解解闷是真的！"他不希望这是实在的情形，可是"也许有真佩服我的？"老得是个自慰的商人，当他接到一些稿费或版税的时候，他总觉得青燕在哪儿窃笑他呢："哈，又进了点钱？那是我的批评下的漏网之鱼！你等着，我还没跟你拉倒了呢！"他似乎听见那位批评者这么说。

可巧有一回，他们俩的相片登印在一家的刊物上，紧挨着。汝殷的想象更丰富了些。相片上的青燕是个大脑袋，长头发，龙睛鱼眼，哈巴狗鼻子；往好里说，颇像苏格拉底。这位苏格拉底常常无影无声的拜访汝殷来。

自然，汝殷也有时候恶意的想到：就"青燕"这个笔名看，大概不过是个蝴蝶鸳鸯派的小卒。如今改了门路，专说"意识不正确"。不必理他。可是消极的自慰终胜不过积极的进攻；意识不正确的炮弹还是在他的头上飞。

意识怎么就正确了呢？他从青燕的批评文字中找不到答案。青燕在这里不大像苏格拉底了。苏格拉底好问，也预备着答；他会转圈儿，可也有时候把自己转在里面。青燕只会在百米终点，揪住腿慢的揍嘴巴。汝殷不得不另想主意了。他细心的读了些从前被称为意识正确的作品——有的已经禁止售卖了。这使他很失望，因为那些作品只是些贫血的罗曼司。他知道他自己能作比这强得很的东西。

他开始写这样的小说。发表了一两篇之后，他天天等着青燕的批评，批评来了：意识不正确！

他细细把自己的与那些所谓正宗的作品比较了一下，他看出来：他的言语和他们的不同，他的是国语，他们的是外国话。他的故事也与他们不一样，他表现了观察到的光与影，热诚与卑污，理想与感情；他们的只是以"血"，"死"，为主要修辞的喜剧。

可是,他还落个意识不正确!

他要开玩笑了,专为堵青燕的嘴。他照猫画虎的,也用外国化的文字,也编些有声而不近于真实的故事,寄给一些刊物。

奇怪的是,这些篇东西不久就都退回来了;有一篇附着编辑人的很客气的信:"在言论不自由的时期,红黄蓝白黑这些字中总有着会使我们见不着明天的,你这次所用的字差不多都是这类的……"

汝殷笑得连嘴都闭不上了。原来如此!文字真是会骗人的东西的。写家,读者,批评者,检查者,都是一个庙里排出来的!

他也附带的明白了,为什么青燕只放意识不正确的炮,而不说别的,原来他是"怕"。这未免太公道了。他要戏弄青燕了。他自己花钱印了一小本集子,把曾经被拒绝的东西都收在里面。他送给青燕一本,准知道由某刊物的编辑部转投,是一定可以被接到的。这样,虽然花了几个钱,心中却很高兴:"我敢印这些东西,看他敢带着拥护的意思批评不敢!"

青燕到□□杂志社编辑部去,看看有什么"话"没有。他的桌上有三封信,一个纸包。把信看完,打开了纸包,一本红皮的书——汝殷著。他笑了。他很可怜汝殷。作家多少都有些可怜——闯过了编辑部的难关,而后还得挨批评者的雷。但是批评者不能,绝对不能,因为怜悯而丢掉自家的地位。故意的不公平是难堪的事,他晓得;可是真诚的公平是更难堪的:风气,不带刺儿的不算批评文字!青燕是个连苍蝇都不肯伤害的人。但是他拿批评为业,当刽子手的多半是为吃饭呀。他都明白,可是他得装糊涂。他晓得哪个刊物不喜欢哪个作家,他批评的时候把眼盯住这一点,这使他立得更稳固一些。也可以说,他是个没有理想的人;但是把情形都明白了,他是可以被原谅的。说真的,他并不是有心和汝殷作对。他不愿和任何人作对,但批评是批评。设若他找到了比"意识不正确"更新颖的词句,他早就不用它了;他并不跟这几个字有什么好感。不过,既得不到更新鲜而有力的,那也只好将就的用着这个,有什么法儿呢。

他很想见一见汝殷,谈一谈心,也许变成好友呢。是的,即使不去见他,也应当写封信去劝劝——乘早把这本小红皮书收回去,有危险。设若真打算干一下的话,吸着烟琢磨"之乎者也"是最没用的,那该另打主意。创作与批评,无论如何也到底逃不出去之乎者也。彼此捧场与彼此敌视都只是费些墨水与纸张,谁也不会给历史造出一两页新的来。文学史和批评史还是自家捧自家;没有它们,图书馆不见得就显出怎么空寂。

青燕鼻子朝上哼了一声。把书卷起来,拿在手中,离开了编辑部。

走到东四牌楼南边,他要出恭。把书放在土台上,好便于搂起棉袍。他正堵住厕所的门立着,外面又来了个人。他急于让位,撩着衣服,闭着气,就往外走。

走出老远,他才想起那本书。但是不愿再回去找寻。没有书,他也能批评,好在他记住了书名与作家。

二头已经被监了两天。他莫名其妙,那本书里到底有什么呢?只记得,红皮,薄薄的;他不认识字。他恨那本小书，更关心爸爸的病，这本浪书要把爸爸的命送了！他们审他；"在茅厕里捡的，"他还是这一句。他连书是人写的，都想象不到；干什么不好，单写书？他捡了它；冬天没事还去捡粪呢；书怎么不该捡呢？

"谁给你的？"他们接二连三的问。

二头活了二十年了，就没人给过他一本书；书和二头有什么关系呢？他不能造个谣言，说：张家的二狗，或李家的黑子给他的。他不肯那样脏心眼，诬赖好人。至于名字像个名字的，只有村里的会头孟占元。只有这个名字，似乎和"黄天霸"，"赵子龙"，有点相似，都像书上的。可是他不能把会头扳扯上。没有会头，到四月初往妙峰山进香的时候，谁能保村里的"五虎棍"不叫大槐树的给压下去呢？！但是一想起爸爸的病，他就不能再想这些个了。他恨不能立刻化股青烟，由门缝逃出去！那本书！那本书！是不是"拍花子"的迷魂药方子呢？

又过了一天！他想，爸爸一定是死了！药没抓来，儿子也不见了，这一急也把老头子急死过去！爸爸一定是死了，二头抱着脑袋落泪，慢慢的不由自己的哭出声来。

哭了一阵，他决定告诉巡警们：书是孟占元给他的，只有这三个字听着有书气："二狗"，"黑子"，就连"七十儿"，都不像拿书给人的材料。

继而一想，不能这么办，屈心！那本书"是"捡来的。况且，既在城里捡的，怎能又是孟占元送给他的呢？不对碴儿！又没了办法，又想起父亲一定是死了。家里都穿上了孝衣，只是没有二头！真叫人急死！

到了晚，又来了个人——年轻轻的，衣服很整齐，可是上着脚镣。二头的好奇心使他暂时忘了着急。再说，看着这个文诌诌的人，上着脚镣，还似乎不大着急，自己心中不由的也舒展了些。

后来的先说了话："什么案子，老乡亲？"

"捡了一本书，我操书的祖宗！"二头吐了一口恶气。

"什么书？"青年的眼珠黑了些。

"红皮的！"二头只记得这个，"我不认识字！"

"噢！"青年点了点头。

都不言语了。待了好久，二头为是透着和气，问："你，你什么——案子？"

"我写了一本书，"少年笑了笑。

"啊，你写的那本浪书，你？"二头的心中不记得一个刚会写书的人，这个人既会写书，当然便是写那本红皮书的人了。他不能决定怎么办好。他想打这个写书的几个嘴巴，可是他知道这里巡警很多；已经遭了官司，不要再祸上添祸。不打他吧，心中又不能出气。"没事儿，手闲得很痒痒，写他妈的浪书！"他瞪着那个人，咬着牙。

"那是为你们写的呢，"青年淘气的一笑。

二头真压不住火了："揍你个狗东西！"他可是还没肯动手。他不知道为什么有点怕这个少年，或者因为他的像貌，举动，年龄，打扮，与那双脚镣太不调和。这个少年，脸上没有多少血色，可是皮肤很细润。眼睛没什么精神，而嘴上老卷着点不很得人心的笑。身上不胖，细腿腕上绊着那些铁镣子！二头猜不透他是干什么的，所以有点怕。

少年自己微笑了半天，才看了二头一眼。"你不认识字？"

二头愣了会儿,本想不回答,可是到底哼了一声。

"在哪里捡的那本书?"

"茅厕里;怎着?"

"他们问你什么来着?"

"你管——"二头把下半句咽了回去,他很疑心,可又有点怕这个青年。

"告诉我,我会给你想好主意。"青年的笑郑重了些,可是心里说,"给你写的浪书,你不认识,还能不救救你吗?"

"他们问,谁给我的,我说不上来。"

"好比说,我告诉他们,那是我落在茅房里的,岂不是没了你的事?"青年的笑又有些无聊了。

"那敢情好了!"二头三天没笑过了,头一次抿了嘴。"现在咱们就去?"

"现在不行,得等到明天他们问我的时候。"

"爸爸的病!还许死了呢!"

"先告诉我,在哪儿捡的?"

"东四牌楼南边,妈的这泡尿撒的!"二头忽然感觉到一种说不出来的难过。他想不出一句合适的话来形容它,只觉得心中一阵茫然,正像那年眼看着蝗虫把谷子吃光那个情景。

"你穿着这身衣服?拿着什么?"

"这身;手里拿着个药包。"二头说到这里,又想起爸爸。

青燕回到自己的屋中,觉得非常的不安坦,他还没忘下汝殷。在屋中走了几个来回,他笑了;还是得批评。只能写一小段，因为把书丢了。批评惯了，范围自然会扩张的，比如说书的装订与封面；批评家是可以自由发表审美的意见的："假如红色的书皮可以代表故事的内容，汝殷君这次的戏法又是使人失望的。他只会用了张红纸，厚而光滑的红纸，而内容，内容，还是没有什么正确的意识！"他写了下去。没想到会凑了七八百字，而且每句，在修辞上，都有些表现权威的力量。批评也得成为文艺呀。他很满意自己笔底下已有了相当的准确——所写的老比所想的严厉，文字给他的地位保了险。他觉得很对不起汝殷，可是只好对不起了。有朝一日，他会遇到汝殷，几句话就可以解释一切的。写家设若是拿幻拟的人物开心，批评者是拿写家开心的，没办法的事！他把稿子又删改了几个字，寄了出去。

过了两天，他的稿子登出来了。又过了两天，他听到汝殷被捕的消息。

青燕一点也不顾虑那篇批评：写家被捕不见得是因为意识正确。即使这回是如此，那也没多大的关系，除了几个读小说的学生爱管这种屁事，社会上有几个人晓得有这么种人——批评家？文字事业，大体的说，还不是瞎扯一大堆？他对于汝殷倒是真动了心。他想起一点什么意义。这个意义还没有完全清楚，他只能从反面形容。那就是说，它立在意识正确或不正确的对面。真的意义不和瞎扯立在一块。正如形容一个军人，不就是当了兵。他忽然想明白了，那个意义的正面是造一两页新历史，不是写几篇文章。他以前就这样想过，现在更相信了。可是，他想营救汝殷，虽然这不在那个"意义"之中。

又过了几天，二头才和汝殷说了"再见"。

二头回到家中，爸爸已然在两天前下葬了。二头起了誓，从此再不进城去抓药！

载《现代》1934 年 5 月第五卷一期

新 爱 弥 耳

虽然我的爱弥耳活到八岁零四个月十二天就死了，我并不怀疑我的教育方法有什么重大的错误；小小的疏忽或者是免不了的，可是由大体上说，我的试验是基于十分妥当的原理上。即使他的死是由于某一个小疏忽，那正是试验工作所应有的；科学的精神不怕错误，而怕不努力改正错误。设若我将来有个"新爱弥耳第二"，我相信必能完全成功，因为我已有了经验，知道避免什么和更注意什么。那么，我的爱弥耳虽不幸死去，我并不伤心；反之，我却更高兴的等待着我将来的成功。在这种培养儿童的工作上，我们用不着动什么感情。

可惜我很忙，不能把我的经验完全写下来；我只能粗枝大叶的写下一点，等以后有工夫再作那详细的报告。不过，我确信这一点点纪录也满可以使世人永不再提起卢梭那部著作了。

爱弥耳生下来的时候是体重六磅半，不太大，也不太小，正合适。刚一出世，他就哭了。我马上教训了他一番：朋友！闭上你的嘴！生命就是奋斗，战争；哭便是示弱，你当然知道这个；那么，这第一次的也就是，我命令你，第末次的毛病！他又呀呀了几声，就不再哭了。从此以后直到他死，他永没再哭出声来过；我的勇敢的爱弥耳！（请原谅我的伤感!)

过了三天,我便把他从母亲怀中救出来,由我负一切的教养责任。多么有教育与本事的母亲也不可靠,既是母亲——大学教育系毕业的正如一字不识的愚妇——就有母亲的恶天性;人类的退化应归罪于全世界的母亲。每逢我看见一个少妇抱着肥胖的小孩,我就想到圣母与圣婴。即使那少妇是个社会主义者,那小娃娃将来至多也不过成个基督教社会主义者,也许成为个只有长须而不抵抗的托尔司太。我不能教爱弥耳在母乳旁乞求生命,乖乖宝宝的被女人吻着玩着,像个小肥哈巴狗。我要他成为战士,有钢板硬的腮与心,永远把吻他的人的臭嘴碰得生疼。

我断了他的奶。母乳变成的血使人软如豆腐,使男人富于女性。爱弥耳既是男的,就得有男儿气。牛奶也不能吃,为是避免"牛乳教育"。代替奶的最好的东西当然是面包,所以爱弥耳在生下的第四天就开始吃面包了;他将来必定会明白什么是面包问题与为什么应为面包而战。我知道面包的养分不及母乳与牛乳的丰富,可是我一点也不可怜爱弥耳的时时喊饿;饿是革命的原动力,他必须懂得饿,然后才知道什么是反抗。每当他饿的时候,我就详细的给他讲述反抗的方法与策略;面包在我手中拿着,我说什么他都得静静的听着;到了我看见他头上已有虚汗,我才把面包给他,以免他昏过去。每逢看见面包,他的眼睛是那么发光,使我不能不满意,他的确是明白了面包的价值。当他刚学会几句简单言语的时候,他已会嚷"我要面包!"嚷得是那样动心与激烈,简直和革命首领的喊口号一个味儿了。

因为他时常饿得慌,所以免不了的就偷一些东西吃,我并不禁止他。反之,我却惩罚他,设若他偷的不得法,或是偷了东西而轻易的承认。我下毒手打他,假如他轻易承认过错。我要养成他的狡猾。每一个战士都须像一个狐狸。为正义而战的革命者都得顶狡猾,以最卑鄙的手段完成最大的工作。可惜,爱弥耳有时候把这个弄错,而只为自己的口腹对我耍坏心路。可是,这实在是因为他年纪太小,还不完全明白我所讲说的。假若他能活到十五岁——不用再往多了说——我想他一定能够更伟大,绝对不会只为自己的利益而狡猾的。行为是应以所要完成的事业分善恶的,腐朽的道德观念使人成为废物,行为越好便越没出息。我的爱弥耳的行动已经有了明日之文化的基本训练,可惜他死得那么早,以至于他的行动不能完全证明出他的目的,那远大的目的。

爱弥耳到满了三岁的时候,不但小孩子们不喜欢跟他在一块儿玩耍,就是成人们也没有疼爱他的。这是我最得意的一点。自从他一学说话起,我就用尽了力量,教给他最正确的言语,决不许他知道一个字而不完全了解它的意义,也决不给他任何足以引起幻想的字。所以,他知道多少话就是知道了多少事,没有一点折扣,也没有一点虚无缥缈的地方。比如说吧,教给他说"月",我就把月的一切都详细的告诉他:月的大小,月的年龄,它当初怎么形成的,和将来怎样碎裂……这都是些事实。与事实相反的都除外:月就是月;"月亮",还有什么"月亮爷",都不准入爱弥耳的耳朵。谁都知道月的光得自日,那么"月亮"就不通;"月亮爷"就越发胡闹了。我不能教我的爱弥耳把那个死静的月称作"爷"。至于月中有个大兔,什么嫦娥奔月等等的胡言谵语,更一点儿也不能教他知道。传说和神话是野蛮时代的玩艺儿;爱弥耳是预备创造明日之文化的,他必得说人话。是的,我也给他说故事,但不是嫦娥奔月那一类的。我给他说秦始皇,汉武帝,亚力山大,拿破仑等人的事,而尽我所能的把这些所谓的英雄形容成非常平凡的人,而且不必是平凡的好人。爱弥耳在三岁时就明白拿破仑的得志只是仗着一些机会。他不但因此而正确的明白了历史,他的地理知识也足以惊人。在我给他讲史事的时候,随时指给他各国的地图。我们也有时候讲说植物或昆虫,可是决没有青蛙娶亲,以荷叶作轿那种惑乱人心的胡扯。我们讲到青蛙,就马上捉来一只,细细的解剖开,由我来说明青蛙的构造。这样,不但他正确的明白了青蛙,而且因用小刀剖开它,也就减除了那些虚伪的爱物心。将来的人是不许有伤感的。就是对于爱弥耳自己身上的一切,我也是这样照实的给他说明。在他五岁的时候,他已有了不少的性的知识。他知道他是母亲生的,不是由树上落下来的。他晓得他的生殖器是作什么用的,正如他明白他的嘴是干什么的。五岁的爱弥耳,我敢说,实在比普通的十八九岁的大孩子还多知多懂。

可是,正因为他知道的多,知道的正确,人们可就不大喜爱他了。自然,这不是他的过错。小孩子们不能跟他玩耍,因为他明白,而他们糊涂。比如一群男女小孩在那儿"点果子名"玩,他便也不待约请而蹲在他们之中,可是及至首领叫:"我的石榴轻轻慢慢的过来打三下,"他——假若他是被派为石榴——一动也不动,让大家干着急。"人不能是石榴,石榴是植物!"是他的反抗。大家当然只好教他请出了。啊!理智的胜利,与哲人的苦难!中古世纪的愚人们常常把哲人烧死,称之为魔术师,拍花子的等等。我的爱弥耳也逃不了这个灾厄呀！那些孩子所说的所玩的以"假装"为中心，假装你是姑娘，假装你是小兔，爱弥耳根本不敢假装，因为怕我责罚他。我并不反对艺术，爱弥耳设若能成个文学家，我决不会阻止他。不过，我可不能任着他成个说梦话的，一天到晚闹幻想的文学家。想象是文学因素之一，这已是前几世纪的话了。人类的进步就是对实事的认识增多了的意思；而文学始终没能在这个责任上有什么帮助。爱弥耳能成个文学家与否，我还不晓得，不过假若他能成的话，他必须不再信任想象。在我的教育程序中，从一开头儿我就不准他想象。一就是一，二就是二，假若爱弥耳把一当作二，我宁可杀了他！是的，他失掉了小朋友们，有时候显着寂苦，但这有什么关系呢，"朋友"根本是布尔乔亚的一个名词，那么爱弥耳自幼没朋友就正好。

小孩们不愿意和他玩，他们的父母也讨厌他。这是当然的，因为设若爱弥耳的世界一旦来到，这群只会教儿女们"假装"这个，"假装"那个的废物们都该一律灭绝。他们不许他们的儿女跟爱弥耳玩，因为爱弥耳太没规矩。第一样使他们以为他没规矩的就是他永远不称呼他们大叔二婶，而直接的叫"秃子的妈"，或"李顺的爸"；遇上没儿没女的中年人，他便叫"李二的妻"，或"李二"。这不是最正确的么？然而他们不爱听。他们教给孩子们见人就叫"大爷"，仿佛人们都没有姓名似的。他们只懂得教子女去谄媚，去服从——称呼人家为叔为伯就是得听叔伯的话的意思。爱弥耳是个"人"，他无须听从别人的话。他不是奴隶。没规矩，活该！第二样惹他们不喜欢而叫他野孩子的，是因为他的爽直。在我的教导监护下，而爱弥耳要是会谦恭与客气，那不是证明我的教育完全没用么？他的爽直是因为他心里充实。我敢说，他的心智与爱好在许多的地方上比成人还高明。凡是一切假的，骗人的东西，他都不能欣赏。比如变戏法，练武卖艺的一般他看见，他当时就会说，这都是假的。即使卖艺的拿着真刀真枪，他也能知道他们只是瞎比划，而不真杀真砍。他自生下来至死，没有过一件玩物：娃娃是假的，小刀枪假的，小汽车假的；我不给他假东西。他要玩，我教他用锤子砸石头，或是拿簸箕搬煤，在游戏中老与实物相接触，在玩耍中老有实在的用处。况且他也没有什么工夫去玩耍，因为我时时在教导他，训练他；我不许他知道小孩子是应该玩耍的，我告诉他工作劳动是最高的责任。因此，他不能不常得罪人。看见邻居王大的老婆脸上擦着粉，马上他会告诉她，那是白粉呀，脸原来不白呀。看见王二的女儿戴着纸花，他同样的指出来，你的花不香呀，纸作的，哼！他有成人们的知识，而没有成人们的客气，所以他的话像个故意讨人厌的老头子的。这自然是必不可免的，而且也是我所希望的。我真爱他小大人似的皱皱着鼻子，把成人们顶得一愣一愣的。人们骂他"出窝老"，哪里知道这正是我的骄傲啊。

因为所得的知识不同，所以感情也就不同。感情是知识的汁液，仿佛是。爱弥耳的知识既然那么正确实在，他自自然然的不会有虚浮的感情。他爱一切有用的东西，有用的东西，对于他，也就是美的。一般人的美的观念几乎全是人云亦云，所以谁也说不出到底美是什么。好像美就等于虚幻。爱弥耳就不然了，他看得出自行车的美，而决不假装疯魔的说："这晚霞多么好看呀！"可是，他又因此而常常得罪人了，因为他不肯随着人们说：这玫瑰美呀，或这位小姐面似桃花呀。他晓得桃子好吃，不管桃花美不美；至于面似桃花，还是面似蒲公英，就更没大关系了。

对于美是如此，在别的感情上他也自然与众不同。他简直的不大会笑。我以为人类最没出息的地方便是嬉皮笑脸的笑，而大家偏偏爱给孩子们说笑话听，以至养成孩子们爱听笑话的恶习惯。算算看吧，有媚笑，有冷笑，有无聊的笑，有自傲的笑，有假笑，有狂笑，有敷衍的笑；可是，谁能说清楚了什么是真笑？大概根本就没有所谓真笑这么回事吧？那么，为什么人们还要笑呢？笑的文艺，笑的故事，只是无聊，只是把郑重的事与该哭的事变成轻微稀松，好去敷衍。假若人类要想不再退化，第一要停止笑。所以我不准爱弥耳笑，也永不给他说任何招笑的故事。笑是最贱的麻醉，会郑重思想的人应当永远咬着牙，不应以笑张开嘴。爱弥耳不会笑，而且看别人笑非常的讨厌。他既不哭，也不笑，他才真是铁石作的人，未来的人，永远不会错用感情的人，别人爱他与否有什么要紧，爱弥耳是爱弥耳就完了。

到了他六岁的时候，我开始给他抽象的名词了，如正义，如革命，如斗争等等。这些自然较比的难懂一些，可是教育本是一种渐进的习染，自幼儿听惯了什么，就会在将来明白过来，我把这些重要深刻的思想先吹送到他的心里，占据住他的心，久后必定会慢慢发芽，像把种子埋在土里一样，不管种子的皮壳是多么硬，日子多了就会裂开。我给他解说完了某一名词，就设法使他应用在日常言语中；并不怕他用错了。即使他把"吃饭"叫作"革命"，也好，因为他至少是会说了这么两个字。即使他极不逻辑的把一些抽象名词和事实联在一处，也好，因为这只是思想还未成熟，可是在另一方面足以见出他的勇敢的精神。好比说，他因厌恶邻家的二秃子而喊"打倒二秃子就是救世界"，好的。纵使二秃子的价值没有这么高，可是爱弥耳到底有打倒他的勇气，与救世界的精神。说真的，在革命的行为与思想上，精神实在胜于逻辑。我真喜欢听爱弥耳的说话，才六七岁他就会四个字一句的说一大片悦耳的话，精炼整齐如同标语，爱弥耳说："我们革命，打倒打倒，牺牲到底，走狗们呀，流血如河，淹死你们……"有了他以前由言语得来的正确知识，加上这自六岁起培养成的正确意识，我敢说这是个绝大的成功。这是一种把孩子的肉全剥掉，血全吸出来，而给他根本改造的办法。他不会哭笑，像机器一样的等待作他所应作的事。只有这样，我以为，才能造就出一个将来的战士。这样的战士应当自幼儿便把快乐牺牲净尽，把人性连根儿拔去。除了这样，打算由教育而改善人类才真是作梦。

  在他八岁那年，我开始给他讲政治原理。他很爱听，而且记住了许多政治学的名词。可惜，不久他就病了。可是我决没想到他会一病不起。以前他也害过病，我总是一方面给他药吃，一方面继续教他工作。小孩子是娇惯不得的，有点小病就马上将就他，放纵他，他会吃惯了甜头而动不动的就装病玩。我不上这个当。病了也要工作，他自然晓得装着玩是没好处的。这回他的病确是不轻，我停止了他的工作，可是还用历史与革命理论代替故事给他解闷，药也吃了不少。谁知道他就这么死了呢！到现在想起来，我大概是疏忽了他的牙齿。他的牙还没都换完，容或在槽牙那边儿有了什么大毛病，而我只顾了给他药吃，忘了细细检查他的牙。不然的话，我想无论如何他也不会死。所以当他呼吸停止了的时候,我简直不能相信那能是真事!我的爱弥耳!

我没工夫细说他的一切;想到他的死,我也不愿再说了!我一点不怀疑我的教育原理与方法,不过我到底不能完全控制住自己的感情,我的弱点!可是爱弥耳那孩子也是太可爱了!这点伤心可不就是灰心,我到底因爱弥耳而得了许多经验,我应当高高兴兴的继续我的研究与试验;我确信我能在第二个爱弥耳身上完成我的伟大计划。

载《文学》1936年7月第七卷第一号